# Warum nur musste es Weihnachten werden?

René Malgo, Johannes Pflaum,
Nathanael Winkler, Norbert Lieth

**Warum nur musste es Weihnachten werden?**
René Malgo, Johannes Pflaum, Nathanael Winkler, Norbert Lieth

Copyright deutsche Ausgabe:
Verlag Mitternachtsruf, CH-8600 Dübendorf
www.mitternachtsruf.ch

1. Auflage 2021 (Koproduktion)

Verlag Mitternachtsruf, CH-8600 Dübendorf
www.mitternachtsruf.ch
Bestell-Nr. 180203
ISBN 978-3-85810-557-8

Christliche Verlagsgesellschaft mbH, DE-35683 Dillenburg
www.cv-dillenburg.de
Bestell-Nr. 271 785
ISBN 978 3-86353-785-2

Umschlag, Satz und Layout: Verlag Mitternachtsruf
Herstellung: ARKA Druck, PL-43-400 Cieszyn
Bildnachweis Titelseite: shutterstock.com / graphuvarov

Bibelzitate folgen, wenn nicht anders bezeichnet, der Schlachter Version
2000, © 2000 Genfer Bibelgesellschaft.

# Warum nur musste es Weihnachten werden?

René Malgo, Johannes Pflaum,
Nathanael Winkler, Norbert Lieth

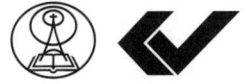

# Inhalt

Warum nur musste es
Weihnachten werden?

WARUM NUR MUSSTE ES
# WEIHNACHTEN
## WERDEN?

# Für die Heilung unserer Seele

VON RENÉ MALGO

«Im sechsten Monat aber wurde der Engel Gabriel von Gott in eine Stadt Galiläas namens Nazareth gesandt, zu einer Jungfrau, die verlobt war mit einem Mann namens Joseph, aus dem Haus Davids; und der Name der Jungfrau war Maria. Und der Engel kam zu ihr herein und sprach: Sei gegrüsst, du Begnadigte! Der Herr ist mit dir, du Gesegnete unter den Frauen! Als sie ihn aber sah, erschrak sie über sein Wort und dachte darüber nach, was das für ein Gruss sei. Und der Engel sprach zu ihr: Fürchte dich nicht, Maria! Denn du hast Gnade bei Gott gefunden. Und siehe, du wirst schwanger werden und einen Sohn gebären; und du sollst ihm den Namen Jesus geben. Dieser wird gross sein und Sohn des Höchsten genannt werden; und Gott der Herr wird ihm den Thron seines Vaters David geben; und er wird regieren über das Haus Jakobs in Ewigkeit, und sein Reich wird kein Ende haben. Maria aber sprach zu dem Engel: Wie kann das sein, da ich von keinem Mann weiss? Und der Engel antwortete und sprach zu ihr: Der Heilige Geist wird über dich kommen, und die Kraft des Höchsten wird dich überschatten. Darum wird auch das Heilige, das geboren wird, Gottes Sohn genannt werden. Und siehe, Elisabeth, deine Verwandte, hat auch einen Sohn empfangen in ihrem Alter und ist jetzt im sechsten Monat, sie, die vorher unfruchtbar genannt wurde. Denn bei Gott ist kein Ding unmöglich. Maria aber sprach: Siehe, ich bin die Magd des Herrn; mir geschehe nach deinem Wort! Und der Engel schied von ihr.»

LUKAS 1,26-38

Warum nur musste es Weihnachten werden?

Wenn wir uns diese Frage stellen, ergibt es Sinn, sich zuerst damit zu befassen, was überhaupt an Weihnachten geschah. Und wenn wir die Bibel lesen, stellen wir fest: An Weihnachten geht es um den Gott, der ein Mensch wurde wie wir!

Das allein schon ist eine unfassbare Botschaft. Warum nur musste so etwas Unglaubliches geschehen? Als die Jungfrau Maria zu diesem Wunder Gottes sagte: «Siehe, ich bin die Magd des Herrn; mir geschehe nach deinem Wort!» (Lk 1,38), da kam der Heilige Geist über sie, die Kraft Gottes des Vaters überschattete sie und in sie wurde der Same des Sohnes Gottes gelegt. Die göttliche Dreieinigkeit verband sich mit ihr: Durch den Heiligen Geist, in Gott dem Vater, nahm Gott der Sohn menschliche Gestalt in ihr an.

Das heisst: Von der Empfängnis an war Gott in der Jungfrau, die Ihn als Mensch gebären sollte. Von der Empfängnis an war der ganze Gott zugleich das ganze Kind, das zur Welt kommen sollte. Gott der

Sohn war neun Monate im Leib einer Jungfrau. Das klingt unerhört, wenn man darüber nachdenkt. War das wirklich nötig?

Die frohe Botschaft des christlichen Glaubens lautet: Gott wurde Mensch, um für unsere Sünden zu sterben. Selbst wenn wir keine Ahnung haben, was das bedeutet, könnten wir dazu dennoch einwenden: «Aber um zu sterben, hätte Gott nicht so weit vorne anfangen müssen. Das mit dem Mutterleib hätte Er sich auch sparen können. Warum nicht gleich einen ausgewachsenen menschlichen Körper nehmen und so erscheinen? Gott der Schöpfer könnte das. In der Bibel beginnen Adam und Eva ihr Leben auch als erwachsene Menschen. Warum hat Gott für sich selbst, wenn Er schon menschliche Gestalt annehmen will, nicht dasselbe gemacht?»

Ja, warum machte sich Gott die Mühe, eine menschliche Jungfrau auszuwählen, sich unauflöslich mit ihr als ihr Vater, als ihrem Vater, ihrem Sohn und ihrem Bräutigam zu vereinen, damit der Sohn aus ihrem Fleisch heraus ein Mensch und sie zu einem in dieser Form einzigartigen Familienmitglied Gottes wird?

*Warum nur?* Weil Er Liebe ist.

Die Geburtsberichte in der Bibel stecken voller ungewöhnlicher Details, die überflüssig wären, wenn nicht etwas Bestimmtes damit gesagt werden sollte, nämlich, dass Der, der in Maria heranwuchs, sowohl ihr Gott als auch ihr Kind war.

Ein Beispiel: So zog die schwangere Maria in das Bergland von Judäa zu ihrer ebenfalls schwangeren Verwandten Elisabeth. «Und es geschah, als Elisabeth den Gruss der Maria hörte, da hüpfte das Kind in ihrem Leib; und Elisabeth wurde mit Heiligem Geist erfüllt und rief mit lauter Stimme und sprach: Gesegnet bist du unter den Frauen, und gesegnet ist die Frucht deines Leibes! Und woher wird mir das zuteil, dass die Mutter meines Herrn zu mir kommt? Denn siehe, sowie der Klang deines Grusses in mein Ohr drang, hüpfte das Kind vor Freude in meinem Leib. Und glückselig ist, die geglaubt hat; denn es wird erfüllt werden, was ihr vom Herrn gesagt worden ist!» (Lk 1,41-45).

Marias ältere Verwandte war ganz ausser sich, dass die Mutter ihres Herrn sie besuchen kam. Das war etwas so Besonderes, dass das Kind im Leib der Elisabeth vor Freude hüpfte, als Maria etwas sagte. – Das ist aussergewöhnlich. Normalerweise regt sich ein Kind im Mutterleib ja eher, wenn es die ihm bereits vertraute Stimme seiner eigenen Mutter hört. Aber bei der Stimme der Mutter eines anderen Kindes?

Was machte dieses einfache, jüdische Mädchen so einzigartig? Sogar so einzigartig, dass sie daraufhin einen Lobpreis anstimmte und unter anderem sagte: «Meine Seele erhebt den Herrn, und mein Geist freut sich über Gott, meinen Retter, dass er angesehen hat die Niedrigkeit seiner Magd; denn siehe, von nun an werden mich glückselig preisen alle Geschlechter!» (Lk 1,46-48).

Wer so etwas betet, muss einen sehr guten Grund dafür haben. Gott sagte einst Israels Stammvater Abraham, dass in seinem Nachkommen alle Geschlechter auf Erden gesegnet werden würden. Und jetzt formuliert dieses Mädchen aus Israel ähnlich und spricht: «Von nun an werden mich glückselig preisen alle Geschlechter!»

Warum? Wegen des göttlichen Kindes, das in ihr war. Elisabeth nennt die jüngere Maria die Mutter ihres Herrn. Wenn eine fromme Jüdin so etwas sagt – und fromm war Elisabeth als Frau eines Priesters –, dann bezeichnet sie Maria damit als die Mutter ihres Gottes. Denn tiefgläubige Menschen kennen nur einen Herrn: Gott den Allmächtigen.

«Hebt eure Häupter empor, ihr Tore, und hebt euch, ihr ewigen Pforten», sagt ein Psalm, der oft in der Adventszeit zitiert wird. Weshalb? «Damit der König der Herrlichkeit einziehe! Wer ist dieser König der Herrlichkeit? Es ist der Herr, der Starke und Mächtige, der Herr, der Held im Streit! Hebt eure Häupter empor, ihr Tore, ja, hebt eure Häupter, ihr ewigen Pforten, damit der König der Herrlichkeit einziehe! Wer ist denn dieser König der Herrlichkeit? Der Herr der Heerscharen, er ist der König der Herrlichkeit!» (Ps 24,7-10).

Gott der Sohn, der König der Herrlichkeit und der Herr der Heerscharen, zog damals durch das «Tor» der von Ihm erlösten und geheiligten Jungfrau Maria auf diese Erde ein.

Ihn, der von den Cherubim Tag und Nacht angebetet wird, hielt Maria in ihren Armen. Der grenzenlose Gott, den das All nicht fassen kann, wohnte im Leib der Jungfrau. Der König, vor dem alle unsichtbaren Mächte und Gewalten zittern, lag an der Brust Seiner Mutter, und sie umfing Ihn liebkosend als ein kleines Kind. Die Himmel sind der Thron Seiner Herrlichkeit, und Er sass auf Marias Schoss. Die Erde ist der Schemel Seiner Füsse, und Er ging auf ihr umher als ein junger Knabe (nach Ephräm dem Syrer).

Er blieb wohl, der Er ist, und wurde doch, was Er zuvor nicht war. Das ist die alle Erkenntnis übersteigende Liebe Gottes.

## Die Vereinigung Gottes mit den Menschen

In der Geschichte des Christentums wurde viel über die Menschwerdung Gottes diskutiert. Der Gedanke, dass Maria wirklich Gott selbst in sich trug, war auch in alten Zeiten für manche Gläubige zu ungeheuerlich, wenn sie darüber nachdachten.

Im 5. Jahrhundert sagte zum Beispiel ein Bischof sinngemäss, Maria sei nicht die Mutter des Herrn, sondern die Mutter von Christus. Wir dürften nicht sagen, dass sie die Mutter von Gott selbst sei.

Das klingt, menschlich gesehen, ganz vernünftig und sogar gottesfürchtig. Das Problem war aber: Er sagte damit, dass Maria bloss einen normalen Menschen zur Welt gebracht hätte, und mit diesem Menschen hätte sich Gott verbunden. Dieser Bischof hatte zwar nichts dagegen, dass die Verbindung im Mutterleib stattfand, aber ihm war es wichtig, dass Maria selbst nur die Mutter eines Menschen war.

Das jedoch bedeutet: Die Gottheit hätte sich theoretisch auch irgendwann später mit Jesus zusammentun können. Und es gab auch wirklich solche, die sagten, die Gottheit wäre erst bei Seiner Taufe zu Jesus gekommen.

In diesem Fall wäre Gott selbst nicht vollständig Mensch geworden, sondern Gott hätte sich nur vollständig mit einem Menschen verbunden. Das ist ein kleiner, aber schwerwiegender Unterschied. Jesus ist Gott, und zwar Gott der Sohn. Er ist nicht ein Mensch, mit dem Gott sich vereint hat, sondern Er ist wirklich und wahrhaftig der menschgewordene Gott. Und darum nennt Elisabeth Maria die Mutter ihres Herrn.

Warum ist das so wichtig? Es kann uns doch egal sein, worüber die Herren Theologen sich streiten. Und es ist wahr, für unsere Erlösung ist es nicht notwendig, dass wir jedes Detail richtig verstehen und erklären können. Aber in der Realität ist es natürlich sehr, sehr wichtig, dass auch *wirklich* das geschehen ist und Gott auch *wirklich* das getan hat, was uns *wirklich* erlöst.

Die Väter unseres Glaubens haben diese Wahrheit in einem bemerkenswerten Satz zusammengefasst. Sie sagten: «Was nicht angenommen wurde, kann auch nicht geheilt werden.» Was bedeutet das? *«Was nicht angenommen wurde, kann auch nicht geheilt werden.»*

Das Thema lautet ja: Warum nur musste es Weihnachten werden? Und die Antwort, die wir in diesem Kapitel in diesem Zusammenhang geben, ist: Für die Heilung unserer Seele.

Unsere Seele und unser Fleisch, unser ganzes Sein, werden von der Sünde geplagt. Wir leiden unter unserem eigenen Versagen und dem Versagen anderer uns gegenüber ... und am Ende sterben wir. Das Leben ist oft ein Tränental. Wir sind zerbrechliche Gefässe. Wo wir auch gehen und stehen, schleppen wir Fehlerhaftigkeit, Vergänglichkeit und Sterblichkeit mit uns herum. Wir tragen zwar das Bild Gottes, aber es wird von der Sünde verdunkelt. Wir sind nicht göttlich, sondern menschlich. Die Distanz zwischen unserer Sterblichkeit und Gottes Unsterblichkeit ist unendlich und ewig. Sie ist unüberbrückbar.

Unüberwindbar ist der Graben zwischen unserer Niedrigkeit und Gottes Majestät, zwischen unserer Schwachheit und Seiner Stärke, zwischen unserer

Zeitlichkeit und Seiner Ewigkeit, zwischen unseren Makeln und Seiner Makellosigkeit.

Wie könnten wir jemals diese grenzenlose Distanz überwinden, wenn wir doch begrenzte Geschöpfe sind? Wie könnten wir jemals sündlos und unsterblich werden, wenn wir von Geburt an sterblich und sündig sind?

Gott muss für uns diesen unendlichen Graben überwinden, weil nur Er unendlich ist. Aber, bildlich gesprochen: Es würde nichts helfen, wenn Gott eine unendliche Brücke über den unendlichen Graben baute und dann sagte: «Kommt nur, liebe Leute, ich bin für euch da. Überquert die Brücke, ich erwarte euch mit offenen Armen.»

Wir würden es niemals über die Brücke der Unendlichkeit schaffen, weil wir endlich sind. Wir würden immer scheitern, wenn wir auf uns alleine gestellt wären. Das Sterbliche kann nicht aus sich selbst heraus unsterblich werden, das Vergängliche nicht unvergänglich, das Unvollkommene nicht vollkommen. Das ist unmöglich.

Und so trat Gott selbst über den unendlichen Graben. Er wurde von Anfang an einer von uns, um uns von innen heraus zu heilen und zu erlösen. Der Sündlose zog das Fleisch der Sünde an, ohne selbst zu sündigen (Röm 8,3), um in einem menschlichen Leib die Sünde und den Tod zu besiegen. Der Unendliche wurde endlich. Die Majestät bekleidete sich mit

Niedrigkeit, die Unsterblichkeit mit Sterblichkeit, die Stärke mit Schwachheit, die Ewigkeit mit Zeitlichkeit, um uns arme Sünder so mit der Majestät, Unsterblichkeit, Stärke und Ewigkeit zu verbinden.

Das ist die göttliche Liebe. Er wurde, was wir sind, damit wir Anteil an dem bekommen, was Er ist. Er nahm die Menschheit ganz und gar an, um sie ganz und gar zu heilen. Gott ist Liebe, und so tut Er nicht das Mindeste, sondern das Beste und das Höchste für Seine Geschöpfe.

Er wurde Fleisch von Marias Fleisch und Gebein von Marias Gebein, damit wir Fleisch von Seinem Fleisch und Gebein von Seinem Gebein werden können. Wie? Indem wir uns auf den Vater und den Sohn und den Heiligen Geist taufen lassen und uns im Glauben mit Ihm vereinen.

Jesus Christus, der menschgewordene Gott, thront jetzt in der Dimension des Himmels, und der Heilige Geist verbindet alle mit Ihm, die an Ihn glauben, auf Ihn hoffen und Ihn lieben. Und so heilt Er unsere Seele von innen heraus, indem Er sich mit ihr vereint.

Das bedeutet: Was nicht angenommen wurde, kann auch nicht geheilt werden. Gott musste uns in allem gleich werden, wenn Er uns auch in allem zum Himmel erhöhen wollte. Und das will Er, weil Er Liebe ist.

Du leidest? Er, der verraten, abgelehnt, gegeisselt, verspottet und gekreuzigt wurde, weiss genau, was du empfindest. Er kann deine Wunden heilen. Du wirst ungerecht behandelt, verschmäht und verleumdet? Er, der vor Pilatus stand, der von der frommen Elite Seines Landes angeklagt wurde, kennt all deine Gefühle. Er kann deine Verletzungen heilen.

Oder gehen wir weiter zurück. Du bist jung und hast Schwierigkeiten mit deinen Eltern? Er, der Gott selbst ist, war Seinen Eltern auf Erden dennoch gehorsam, und Er weiss genau, was du empfindest. Er kann jeden zwischenmenschlichen Riss heilen.

Er nahm Anteil an der Menschheit, damit wir Anteil an Seiner göttlichen Natur bekommen (2Petr 1,4). Er nahm einen menschlichen Leib an, damit wir Glieder Seines himmlischen Leibes werden. Er wurde geboren, damit wir neu geboren werden. Er kam in eine irdische Familie, damit wir zu einer göttlichen Familie kommen.

Wie weitreichend ist Seine Erlösung? Sie übersteigt unseren Verstand. Aber der Apostel Paulus schreibt, dass es Gott dem Vater gefiel, «in ihm alle Fülle wohnen zu lassen und durch ihn alles mit sich selbst zu versöhnen» – und zwar, was im Himmel und was auf der Erde ist (Kol 1,19-20). Die Vereinigung der göttlichen Natur mit der menschlichen ist zweifellos viel weitreichender, als wir denken, weil Gottes Liebe viel grösser ist, als wir jemals erkennen könnten. Sie übersteigt jede Höhe, Breite, Tiefe und Länge bei Weitem.

In dem menschgewordenen Gott, in Jesus Christus, wird die unüberbrückbare Distanz zwischen Tod und Leben, zwischen Sterblichkeit und Unsterblichkeit, zwischen Vergänglichkeit und Unvergänglichkeit, zwischen Zeitlichkeit und Ewigkeit überwunden.

Was mag das für Embryos bedeuten, die im Leib ihrer Mutter nicht überleben? Für Kinder, die abgetrieben werden? Für Babys, die im Kindsbett sterben? Für Kleinkinder, die durch furchtbares Leid müssen und schliesslich vom Tod geholt werden? Es bedeutet für sie, dass dies nicht das Ende sein muss, auch wenn ihnen nie die Chance gegeben worden ist, sich bewusst Gott zuzuwenden. Der Sohn Gottes, Gott selbst, hat sich auch mit ihnen verbunden, weil Er ein Embryo war, ein Baby, ein Kleinkind. Er kann alle heilen.

Niemand fällt durchs Raster, denn die ganze Gottheit hat die ganze Menschheit in sich aufgenommen. Er wurde, was wir sind, damit wir Anteil an dem bekommen, was Er ist. Denn was nicht angenommen wurde, kann auch nicht geheilt werden.

Mit anderen Worten: Weil Gott alles vom Menschen angenommen hat, kann Er auch alles am Menschen heilen. Es gibt keine hoffnungslosen Fälle. «Gott ist Liebe» lässt dies nicht zu.

Er ist einer von uns geworden. Er hat sich eine von uns zur Mutter erwählt. Und Er macht aus einem jeden von uns, der will, ein Mitglied Seiner heiligen

Familie: durch den Heiligen Geist, vereint mit Ihm, dem Sohn, verborgen in Gott, dem Vater. Darum feiern wir Weihnachten.

## Die Menschwerdung Gottes und das alltägliche Leben

Was bedeutet das für unser Leben?

Es klingt grandios: Gott wurde Mensch, um in Verwandtschaft mit uns zu treten. Der Schöpfer steigt zu Seinen Geschöpfen herab. Aber so glorreich sieht es in unserem Alltag oft nicht aus. Auch wenn wir zu Jesus gehen, bleibt vieles dunkel, unverständlich, schwierig. Wir spüren weiter unsere Schwachheit, unsere Niedrigkeit, unsere Sünde und kaum etwas bis nichts von der Vollkommenheit, der Majestät und der Stärke, die Er uns schenken will.

Das ist kein Zufall. Und es ist auch kein Betriebsunfall in Gottes Plan mit dir. Seine Liebe zu dir ist grösser als alle Umstände, als alle Sünden, als alle Mächte, die dich zu erdrücken drohen.

Das zeigt dir Seine Menschwerdung. Wie kam Gottes Sohn zur Welt? Nicht in einem Palast, sondern in Niedrigkeit. Bis zu Seinem 30. Lebensjahr führte der Sohn Gottes ein unscheinbares Leben. Es war so unscheinbar, dass Seine eigenen Verwandten ziemlich erstaunt über die Dinge waren, die Er später in Seinem öffentlichen Dienst tat und sagte. Sie glaubten zuerst nicht an Ihn. Das heisst, dreissig Jahre lang hatte Jesus so gelebt, dass Seine Gottheit im Alltag gar nicht aufgefallen war.

Er heiligt und heilt auch dein unscheinbares Leben. Verborgen, klein und unbedeutend zu sein, ist keine Schande. Und als der menschgewordene Gott dann in die Öffentlichkeit trat, endete Sein Dienst nicht mit einem glorreichen Triumphzug, sondern mit einer scheinbaren Niederlage, in Schimpf und Schande, am Kreuz von Golgatha. Er starb einen fürchterlichen Tod. Doch gerade da besiegte Er den Tod. Er siegte durch Leiden, Dunkelheit und Ungerechtigkeit hindurch und stand am dritten Tag aus den Toten auf.

So ist es auch in unserem Leben: Wenn wir uns im Glauben, in Hoffnung und in der Liebe mit dem Gott verbinden, der einer von uns geworden ist, geht es nicht etwa über Höhenflüge zur Heilung unserer Seele und zur Herrlichkeit, sondern durch Niedrigkeit, durch Unscheinbarkeit und sehr oft auch durch Leid.

Je inniger wir mit Jesus leben und die Verbindung mit Ihm pflegen, desto wirksamer wird die Heilung im Hier und Jetzt. Er will unsere Seele reinigen, befreien, erleuchten, erfüllen. Aber das bedeutet auch, dass durch unsere Vereinigung mit dem Herrn unser Leben immer mehr so wird wie Sein Leben. Wir folgen Ihm zum Kreuz und nehmen dabei täglich unser eigenes Kreuz auf uns. Und genau dort, wo es am unbegreiflichsten ist, heilt uns der Gott, der hier auf Erden Seine Majestät mit unserer Niedrigkeit, Seine Stärke mit unserer Schwachheit und Seine Unsterblichkeit mit unserer Sterblichkeit überkleidet hat.

Denken wir an die Jungfrau Maria, die Mutter unseres Herrn. Sie trug buchstäblich den Herrn in ihrem Leib, so wie wir Ihn jetzt durch den Heiligen Geist in uns wohnen lassen sollen. Sie war unscheinbar, und sie blieb unscheinbar. Als sie zusammen mit Joseph den Säugling Jesus im Tempel darbrachte, kündigte ihr der alte Prophet Simeon an, dass ein Schwert ihre Seele durchbohren würde. Sie würde leiden wie keine andere Mutter. Der, der Fleisch von ihrem Fleisch und Gebein von ihrem Gebein war, würde von der ganzen wütenden Macht der Hölle angegriffen werden. Wie gross und tief muss ihr Schmerz gewesen sein, als sie unter dem Kreuz stand und ihren Sohn so furchtbar leiden sah. Und als Er dann im Tod den Tod besiegte und auferstand, musste sie ihren wiedergewonnenen Sohn bald wieder freigeben und in die Dimension des Himmels ziehen lassen. Sie selbst blieb noch eine Zeit lang auf der Erde zurück. Sie lebte weiter ein unscheinbares Leben. Nach den Schilderungen von der Geburt des Herrn lesen wir in der Bibel nicht mehr viel über Maria. Sie bleibt im Hintergrund, und doch ist sie die Jungfrau, die bis heute von Geschlecht zu Geschlecht, von Generation zu Generation seliggepriesen wird.

Und so ist es auch in unserem Leben, wenn wir – ähnlich wie Maria – durch den Heiligen Geist mit unserem Herrn Jesus verbunden sind und Gott zum Vater haben: Ja, wir bleiben niedrig. Wir gehen durch Schwachheit. Und zutiefst dunkle Täler können kommen, Schwerter können unsere Seele durchbohren, aber die Seligpreisung über unserem Leben ist Realität und wird sich zeigen, wenn wir an Christus festhalten.

Er wurde, was wir sind, damit wir Anteil an dem bekommen, was Er ist. Und der Weg dorthin ist der Weg der Niedrigkeit. Der Weg unseres menschgewordenen Gottes. Der Weg vollkommener Liebe.

## Die Liebe Gottes in der Praxis

Warum nur musste es Weihnachten werden? Damit Gott *ganz* einer von uns wird, um uns *ganz* zu heilen und zu erlösen.

Diese heilsame Vereinigung erfahren wir, wenn wir die Verbindung mit Ihm *ganz* suchen. Er hat ja die unüberbrückbare Distanz zwischen unserer irdischen Vergänglichkeit und Seiner himmlischen Unvergänglichkeit aufgehoben. Er hat die Brücke von innen heraus geschlagen, nämlich als menschgewordener Gott.

Und so liegt es auf der Hand, wie wir auf dieser Brücke bleiben, wie wir in Gemeinschaft mit dem einen Mittler zwischen Gott und Menschen bleiben:

indem wir leben, wie Jesus gelebt hat. Wir gehorchen Ihm. Wir folgen Ihm, wohin Er auch gehen mag. So werden unsere Seelen geheilt.

Aber – und dieser Hinweis ist wichtig –, wir müssen schon dem richtigen Jesus nachfolgen. Wir müssen mit dem richtigen Jesus vereint sein. Viele reden zwar von Jesus, aber meinen oft unterschiedliche Dinge.

Da stellt sich die bange Frage: Was, wenn ich all diesen theologischen Diskussionen über Jesus, über Seine Gottheit und über das Evangelium gar nicht folgen kann? Bin ich verloren, wenn ich etwas Falsches über Jesus sage oder denke, weil ich gewisse Details noch nicht verstehe?

Nein, in Verbindung mit dem Herrn Jesus zu leben, ist ein Akt der Gemeinschaft. Und Gemeinschaft ist nicht von unseren intellektuellen Fähigkeiten abhängig. Gemeinschaft hat auch nichts mit unseren Einbildungen und eigenen Ideen zu tun. Gemeinschaft ist ein Akt der Liebe. Die Menschwerdung Gottes ist ein Akt vollkommener Liebe. Die Selbsterniedrigung Gottes bis zum Tod am Kreuz ist der Akt höchster Liebe. Mit diesem Jesus sollen wir verbunden sein. Diese Liebe sollen wir nachahmen. In ihr sollen wir mit Ihm Gemeinschaft pflegen.

Liebe ist das Grösste. Alles wird vergehen, aber die Liebe bleibt, weil Gott Liebe ist.

Ein weiser Bibellehrer definierte Liebe wie folgt: Liebe bedeutet, das Gute des anderen als mein Gegenüber zu wollen.

Liebe ist kein Gefühl, sondern eine Willensentscheidung. Diese Liebe sehen wir in der Menschwerdung Gottes. Der Herr des Lebens wollte unser Bestes, und darum vereinigte Er sich mit unserer Natur, um uns das Gute schlechthin zu geben: sich selbst, nämlich Anteil an Seiner göttlichen Natur, die völlige Heilung unserer Seele, die Vergebung aller Sünden, das ewige und vollkommene Leben des Himmels.

Wer in dieser Liebe lebt und bleibt, der bleibt in Gott. Solange wir uns also dazu entscheiden, das Beste für den anderen zu wollen, das heisst, Gott und unseren Nächsten in der Praxis zu lieben, solange folgen wir auch dem König der Herrlichkeit nach, der für uns ein Diener der Niedrigkeit geworden ist.

Auf diese Weise erkennen wir, ob wir mit dem richtigen Jesus verbunden sind und ob unsere Seele auf dem Weg zur Heilung durch Ihn ist: Wenn wir andere lieben, weil Er uns zuerst geliebt hat.

Das ist, um es einmal so zu sagen, der Geist von Weihnachten. Das ist die Botschaft von Weihnachten. Oder anders gesagt: Warum nur musste es Weihnachten werden? Damit die Liebe unsere Seele heilen kann.

«Geliebte, lasst uns einander lieben! Denn die Liebe ist aus Gott, und jeder, der liebt, ist aus Gott geboren und erkennt Gott. Wer nicht liebt, der hat Gott nicht erkannt; denn Gott ist Liebe. Darin ist die Liebe Gottes zu uns geoffenbart worden, dass Gott seinen eingeborenen Sohn in die Welt gesandt hat, damit wir durch ihn leben sollen. ... Und wir haben die Liebe erkannt und geglaubt, die Gott zu uns hat. Gott ist Liebe, und wer in der Liebe bleibt, der bleibt in Gott und Gott in ihm» (1Joh 4,7-9.16).

Der Engel sagte zu Maria, als er die Jungfrauengeburt des Sohnes Gottes durch sie ankündigte: «Denn bei Gott ist kein Ding unmöglich» (Lk 1,37). So wie Gott der Sohn körperlich in Maria Wohnung nahm, um die ganze Welt zu heilen, so kann Er auch durch den Heiligen Geist in uns Wohnung nehmen, um unsere ganze Seele zu heilen. «Denn bei Gott ist kein Ding unmöglich.»

Im Besuch des Engels bei der Jungfrau sehen wir auch die göttliche Liebe. Er teilte ihr Gottes Plan mit, bevor Gott ihn umsetzte. Er gab Maria die Gelegenheit, Gottes Willen anzunehmen. Gott achtete die Würde eines einzelnen jüdischen Mädchens. Und so achtet Gott auch deine und meine Würde.

Im Mittelalter drückte Bernhard von Clairvaux diese Situation bildhaft aus der Perspektive des Totenreichs aus, aus der Perspektive aller, die vor der Geburt Jesu im Glauben gestorben waren. Er liess sie ausrufen, dass sie wie der Engel auf Marias Antwort warten: «Siehe, dir wird der Preis unserer Errettung vor Augen gestellt: wenn du einwilligst, werden wir sogleich befreit werden. Im ewigen Wort Gottes sind wir alle geschaffen worden, doch siehe, wir sterben ...»

Unter Tränen flehen «der aus dem Paradies vertriebene Adam» und alle seine Nachkommen um Marias demütige Einwilligung in Gottes Plan.

«Das erfleht Abraham, das David, darum flehen die anderen heiligen Väter, deine Väter, die selbst auch in dem Land des Todesschattens wohnen. [...] Gib, o Jungfrau, schnell deine Antwort! [...] Öffne, o selige Jungfrau, dein Herz dem Glauben, die Lippen der Zustimmung, deinen Leib dem Schöpfer. Siehe, der von den Völkern Ersehnte klopft an deine Tür. Ach, wenn er vorbeiginge, weil du zauderst, und du voll Schmerz von neuem beginnen müsstest, den zu suchen, den deine Seele liebt! Steh auf, eile, öffne! Stehe auf durch den Glauben, eile durch die Hingabe, öffne durch die Zustimmung!» (Bernhard von Clairvaux, Sämtliche Werke, Band IV, Vierte Homilie, ed. Gerhard B. Winkler, Innsbruck: Tyrolia, 1993, S. 113–115.)

Und wie reagierte die Jungfrau Maria auf die alle Erkenntnis übersteigende Liebe Gottes? «Maria aber sprach: Siehe, ich bin die Magd des Herrn; mir geschehe nach deinem Wort!» (Lk 1,38).

Damit wurde das Heil der Welt, Gott der Sohn, durch den Heiligen Geist, verborgen in Gott dem Vater, in ihr empfangen. Auch heute steht der dreieinige Gott vor unserer Herzenstür. Er teilt uns mit, was Er mit uns vorhat. Er will sich mit uns vereinen, um unsere Seele zu heilen. Er will uns Seine Liebe geben. Der Sohn ruft dir zu: «Ich bin geworden, was du bist, damit du Anteil bekommst an dem, was ich bin. Ich habe alles von dir angenommen, damit alles an dir geheilt werden kann.»

Siehe, der von den Völkern Ersehnte klopft auch an deine Tür. Ach, wenn Er vorbeiginge, weil du zauderst, und du voll Schmerz von Neuem beginnen müsstest, Den zu suchen, den deine Seele braucht! Steh auf, eile, öffne! Steh auf durch den Glauben, eile in der Liebe, öffne mit Hoffnung!

Antworte doch in diesen Weihnachtstagen, so dunkel sie auch scheinen mögen, wieder neu oder vielleicht zum ersten Mal mit Maria: «Siehe, ich bin die Magd – ich bin der Knecht – des Herrn; mir geschehe nach deinem Wort!»

Warum nur musste es Weihnachten werden? Damit die Liebe Gottes auch deine Seele heilt – durch die Erfüllung mit dem Heiligen Geist und die Verbindung mit dem Sohn, verborgen in Gott dem Vater.

WARUM NUR MUSSTE ES

# WEIHNACHTEN

WERDEN?

# Für die Erlösung der Welt

**VON JOHANNES PFLAUM**

> «Denn so sehr hat Gott die Welt geliebt, dass er seinen eingeborenen Sohn gab, damit jeder, der an ihn glaubt, nicht verlorengeht, sondern ewiges Leben hat.»
>
> JOHANNES 3,16

Die Advents- und Weihnachtstage haben einen besonderen Reiz. Inmitten der dunkelsten Jahreszeit kann einem die stimmungsvolle Beleuchtung warm ums Herz werden lassen. Kommt dann der Schnee hinzu, wird diese Atmosphäre noch schöner. In den Wochen rund ums Fest, sofern es schneit, sehen wir wunderbare Winterlandschaften, die uns über die Schönheit von Gottes Schöpfung staunen lassen.

Natürlich sprechen uns nicht nur zur Weihnachtszeit bestimmte Gebiete und Gegebenheiten besonders an. Das mögen im Sommer die Berge oder das Meer sein. Auch in den Ebenen können Frühling oder Herbst einmalige Schönheit bieten. Deshalb reisen die Menschen zu verschiedenen Jahreszeiten an die gewünschten Orte. Sofern es möglich ist, sind wir auch bereit, dafür zu bezahlen, an einem schönen Platz unsere Ferien zu verbringen. Und manchmal wünschen wir uns dann insgeheim, dort leben zu können. Es gibt so viele ansprechende und liebenswerte Gegenden auf unserer Erde. Auch die eigene

Heimat ist für viele Menschen etwas Besonderes und Liebenswertes.

In Johannes 3,16 finden wir das bekannte Wort über die gewaltige Liebe Gottes zur Welt. Denken wir an die Erde mit so vielen schönen Plätzen, könnten wir wohl sagen: «Ist doch klar, dass Gott diese Welt liebt!» Ob es ein märchenhaft verschneites Wintergebirge oder ein atemberaubender Sonnenuntergang am Meeresstrand ist – das lieben wir ja auch. Schliesslich ist diese Welt Gottes Schöpfung, Sein Werk, das Er gemacht hat. Hat Er nicht allen Grund, sie zu lieben, so wie ein Schreinermeister sein Meisterstück liebt? – Würden wir so oder ähnlich denken, gingen wir damit aber am eigentlichen Kern des Weihnachtsgeschehens vorbei.

Wenn wir diesen Vers genau betrachten, wird deutlich, dass die unfassbare Liebe Gottes zur Welt alles andere als eine Selbstverständlichkeit ist. Die Liebe, von der Johannes 3,16 spricht, hängt nicht mit prächtigen Landschaften und auch nicht mit irgendwelchen Erfindungen und Leistungen zusammen, auf die wir Menschen stolz sind. Sie ist vielmehr ein unfassbares Wunder. Eine Liebe, so gewaltig, dass wir sie weder verstehen können noch verdient haben. – *Warum nur musste es Weihnachten werden? Für die Erlösung der Welt.* Dieses Thema möchte ich nun anhand von drei Weihnachtswundern beleuchten.

## Das erste Weihnachtswunder:
## Gott liebt die Welt

Damit wir das Wunder erkennen, stellen wir uns zunächst die Frage, was die Bibel in diesem Zusammenhang mit «Welt» meint. Das griechische Wort *kosmos* wird an manchen Stellen tatsächlich für die Schönheit der Schöpfung verwendet. Damit verwandt ist auch der Begriff der Kosmetik, den wir mit Schönheitspflege übersetzen. «Welt» kann also die Schöpfung in ihrer von Gott gegebenen und geordneten Schönheit meinen. – Denken wir noch einmal an bestimmte Orte, die wir besonders lieben, oder an eine traumhafte Winterlandschaft. – Wenn der Begriff «Welt» in dieser Hinsicht für unsere Erde gebraucht wird, schwingt zugleich die Vergänglichkeit der gefallenen Schöpfung mit. Das ist etwas, was uns zu Recht mit Wehmut erfüllt.

Der Begriff «Welt» wird aber im Johannesevangelium auch mit einem anderen Schwerpunkt verwendet. Dabei geht es nicht um schöne Landschaften oder faszinierende Naturstimmungen. «Welt» meint hier die Menschheit als Ganzes und damit jeden einzelnen Menschen. Es geht um den wahren Zustand der Menschheit aus der Sicht Gottes. Und der ist alles andere als gut, trotz schöner Gebirgszüge und Sonnenuntergänge. Er ist das Gegenteil von gut und geordnet. Die Menschheit ist aus göttlicher Sicht in einem katastrophalen Zustand.

Für uns liegt ja Weihnachten in der dunkelsten Jahreszeit. Da lieben wir die entsprechende romantische Bedeutung umso mehr. Diese Dunkelheit kann sich aber auch sehr bedrückend auf das Gemüt schlagen. In der Bibel hat der Prophet Jesaja den Zustand von uns Menschen so beschrieben: «Finsternis bedeckt die Erde und tiefes Dunkel die Völker» (Jes 60,2).

Das ist keine Momentaufnahme, wie es bei einem Unwetter kurze Zeit dunkel werden kann. Vielmehr durchzieht diese geistliche Dunkelheit die Menschheitsgeschichte durch die Jahrtausende. Darüber können auch grossartige Erfindungen oder äusserer Wohlstand nicht hinwegtäuschen. Dieser katastrophale Zustand begann mit ebenjener grossen Katastrophe, die über die ersten beiden Menschen, Adam und Eva, hereinbrach. Und dies war nicht etwa ein zufälliges Ereignis oder vermeintlich höhere Gewalt, für die wir Menschen dann nichts könnten, sondern sie wurde von uns Menschen verschuldet und ausgelöst.

Die Bibel nennt diese Katastrophe den Sündenfall: Die Loslösung von Gott, untrennbar verbunden mit der Rebellion gegen Ihn. Adam und Eva glaubten der Lüge Satans, selbst sein zu können wie Gott und unabhängig von Ihm zu erkennen, was gut und böse ist. Damit stürzten sie nicht nur uns Menschen, sondern die gesamte Schöpfung ins Verderben.

Die Bibel sagt uns, dass der Tod durch die Sünde in diese Welt gekommen ist. Seit dem Sündenfall ist die gesamte Schöpfung der Vergänglichkeit unterworfen. Wir sehen das in der Pflanzenwelt, bei den Tieren, bis hin zu uns Menschen. Dabei geht es nicht bloss um den biologischen Tod. Wir sind entfremdet vom Leben Gottes. Wie Paulus erklärt, ist der Mensch, getrennt von Gott, tot in Sünden (Eph 2,1ff.). Daran ändert sich auch nichts, wenn man sich fit wie ein Turnschuh fühlt, sich bester Gesundheit erfreut oder einem im Leben alles gelingt. Denn tot in Sünden zu sein, ist ein Leben getrennt von Gott. Es endet unter dem Gericht Gottes, in der ewigen Gottesferne.

Durch den Sündenfall wurden wir Menschen unfähig zur Gemeinschaft mit Gott. Seit dieser Katastrophe ist die Menschheitsgeschichte eine Geschichte der Selbstbehauptung gegen den lebendigen Gott. Dies kann verschieden aussehen. Auf der einen Seite rebelliert der Mensch offen gegen Gott und Seinen Willen: «Lasst uns ihre Bande zerreissen und ihre Fesseln von uns werfen!» (Ps 2,3). Der Mensch möchte den Herrn, Seinen Willen und Seine Gebote loswerden.

Auf der anderen Seite möchte er Gottes unbestechliches Urteil nicht wahrhaben, indem er zu beweisen versucht, wie gut und edel er doch ist – möglicherweise sogar durch einen religiösen und äusserlich christlichen Lebensstil. Dazu sagt der Apostel Paulus jedoch: «Darum bist du nicht zu entschuldigen, o Mensch, wer du auch seist, der du richtest! Denn worin du den anderen richtest, verurteilst du dich selbst; denn du, der du richtest, verübst ja dasselbe!» (Röm 2,1).

Das ist die Realität aus der Sicht Gottes. Auch äusseres gutes Handeln ändert nichts an den bösen Gedanken des Herzens, ganz gleich, ob sich diese in Hass und Eifersucht oder in Hochmut und Stolz einpacken. So oder so liegt immer dieselbe Rebellion gegen Gott vor.

*«Finsternis bedeckt die Erde und tiefes Dunkel die Völker.»* Das ist die traurige Realität der Menschheitsgeschichte durch die Jahrtausende hindurch. Die Geschichte der Menschheit ist im Rückblick eine Geschichte von Stolz, Egoismus und Überheblichkeit. Eine Geschichte von Streit, Krieg, Blut und Tränen, voller Abstürze und Tiefschläge. Das kann auch der ganze äussere Fortschritt und Wohlstand nicht ändern. Und wo der Mensch meint, Freiheit zu erlangen, indem er gegen Gott und Seinen Willen rebelliert, richtet er sich selbst zugrunde. Ein Beispiel: Der englische Ethnologe David Unwin zeigte an Beispielen aus der Geschichte schon vor ca. 100 Jahren auf, dass freie und grenzenlose Sexualität letztendlich zum Niedergang von Hochkulturen führte.

Eleonore Fürstin von Reuss hat das Leben fern von Gott in dem bekannten Lied «Ich bin durch die Welt gegangen» so zum Ausdruck gebracht:

«Ich habe die Menschen gesehen, und die suchen spät und früh, sie schaffen, sie kommen und gehen, und ihr Leben ist Arbeit und Müh!
Sie suchen, was sie nicht finden, in Liebe und Ehre und Glück, und sie kommen belastet mit Sünden und unbefriedigt zurück.»

Seit der Katastrophe des Sündenfalls versuchen wir Menschen, uns immer wieder neu Gottes zu entledigen. In grossen Stücken ist die Menschheitsgeschichte nicht nur eine Geschichte der Flucht vor Gott, sondern auch der Auflehnung gegen Ihn. Wir wollen uns nicht so sehen, wie Gott uns sieht. Wir wollen Seinem unbestechlichen Urteil nicht recht geben. Diese Verlorenheit geht so tief, dass selbst Gottes Gerichtshandeln keine Umkehr bewirkt.

Schon die ersten Seiten der Bibel machen dies deutlich. Nachdem die damals noch junge Menschheit voll von Frevel war, kam das Gericht der Sintflut. Nur acht Menschen wurden in der Arche gerettet. Man könnte meinen, dass es der Mensch doch jetzt kapiert hätte. Aber was war das Ergebnis? Die erneute Auflehnung gegen Gott im Turmbau zu Babel. Der Mensch wollte selbst, ohne Gott, das Paradies auf Erden schaffen. Und wieder musste Gott richtend eingreifen.

Meinen wir nur nicht, dass dies nach der Katastrophe von zwei Weltkriegen anders wäre. Trotz gutklingender Parolen wie «Yes, we can» bzw. «Wir schaffen das» – alles, von dem man meint, es ohne und gegen den lebendigen Gott zu erreichen, wird früher oder später nur in die nächste Katastrophe führen. Darüber steht dieses Urteil Gottes: *«Finsternis bedeckt die Erde und tiefes Dunkel die Völker.»*

An der Geschichte lässt sich wirklich erkennen, dass der Mensch nichts aus der Geschichte lernt. Im Johannesevangelium wird die ganze Tragödie der Menschheitsgeschichte wie folgt zusammengefasst, was auch auf das Leben des Einzelnen zutrifft: «Und die Menschen liebten die Finsternis mehr als das Licht; denn ihre Werke waren böse» (Joh 3,19).

Das ist die Welt, die Menschheit, aus der Sicht Gottes. Nicht traumhafte Winterlandschaften, romantische Weihnachtsmärkte oder stimmungsvolle Sonnenuntergänge, sondern eine Welt, die ihrem Schöpfer den Rücken zukehrt, die vor Ihm flieht, die nicht nach Ihm fragt. Es geht um eine Menschheit, die sich gegen Ihn auflehnt, in immer neuen Wellen unablässig gegen Gott rebelliert – so wie bei einer stürmischen See eine Welle nach der anderen gegen die Küste brandet. Damit beginnen wir zu erahnen, was für ein Wunder es ist, dass Gott diese Welt liebt. Er liebt nicht eine Menschheit, die Ihm gehorsam wäre oder nach Ihm gefragt hätte, im Gegenteil: *So sehr hat Gott die von Ihm losgelöste Menschheit geliebt ...* Wir können auch sagen: *So sehr hat Gott die*

*gegen Ihn rebellierende und sich auflehnende Mensch-*
*heit geliebt ...*

So sehr hat Er auch dich und mich geliebt, selbst
wenn Er uns bisher gleichgültig war und wir Ihm nur
die kalte Schulter gezeigt haben. An Seiner Liebe
kann auch deine und meine Rebellion und Auflehnung nichts ändern. Und damit kommen wir zum
zweiten Weihnachtswunder: Gott gibt Seinen Sohn!

## Das zweite Weihnachtswunder:
## Gott gibt Seinen Sohn

Viele verwechseln Liebe mit bestimmten Gefühlen
oder einem emotionalen Zustand. Wenn dann die
Gefühle verflogen sind, ist es auch mit der Liebe vorbei. Ohne Frage gehören zur Liebe auch Gefühle.
Aber es geht um sehr viel mehr.

Was diese Welt und die Menschheit in ihrer Loslösung von Gott verdient haben, ist das gerechte
Gericht Gottes. Aber nun wird, wenn wir in Johannes 3,16 das zweite Weihnachtswunder betrachten,
die unbegreifliche Liebe Gottes deutlich: Er gab Seinen eingeborenen Sohn. Er sandte Ihn «in die Welt»
(V. 17). Das Geben umfasst den weiteren Aspekt des
Sendens. Beides gehört untrennbar zusammen.
Zunächst befassen wir uns mit dem Senden.

Mit der Sendung des Sohnes stehen wir beim Kern
des Weihnachtsgeschehens. Damals sandte Gott der
Vater Seinen Sohn Jesus Christus in diese Welt. Jesus

Christus erschien als ein kleines, hilfloses Kind auf der Erde. Er kam in eine Menschheit, die nicht auf Ihn wartete oder darum gebettelt hätte, sondern die Ihm den Rücken zukehrte, Ihm feindlich gesinnt war und Gott ablehnte.

«Er war in der Welt, und die Welt ist durch ihn geworden, doch die Welt erkannte ihn nicht. Er kam in sein Eigentum, und die Seinen nahmen ihn nicht auf» (Joh 1,10-11).

Bei «Welt» schwingen zwei Aspekte mit. Zum einen geht es um die Schöpfung als Ganzes. Sie wurde durch Ihn, also durch Jesus, gemacht (vgl. Kol 1,15-17). Durch Ihn hat Gott die ganze Schöpfung ins Dasein gerufen. Durch Ihn besteht alles. Wir können heute beispielsweise gewisse Naturgesetze beschreiben und erklären – wie die Gravitationskräfte, durch die die Planeten und andere Himmelskörper ihre Bahnen ziehen –, aber woher sie kommen und warum sie funktionieren, das wissen wir nicht. Die Bibel sagt, dass dies alles nur in Christus besteht, durch Ihn und zu Ihm hin. Die ganze Schöpfung ist Sein Eigentum. Und dieses Eigentum versuchen der Satan und der gefallene Mensch Ihm streitig zu machen.

Zum anderen meint «Welt» auch die von Gott losgelöste Menschheit. Gott schuf den Menschen als Sein Ebenbild, als die Krone der Schöpfung. Aber die

Menschheit kehrt, wie schon erwähnt, seit dem Sündenfall Gott den Rücken zu. Das heisst: Weihnachten ist die Sendung des Sohnes Gottes in eine Ihm feindlich gesinnte Menschheit.

Als Er Seinen eingeborenen Sohn sandte, machte sich Gott der Vater keine falschen Hoffnungen, wie wir das manchmal tun, um dann enttäuscht zu werden. Er wusste, dass Sein Eigentum, die Menschheit, Seinen Sohn mehrheitlich ablehnen und am Ende sogar töten würde. Und trotzdem sandte Er Ihn. Schon damals, als Jesus auf Erden war, kam das in dem Ruf zum Ausdruck: «Wir wollen nicht, dass dieser über uns herrsche!» (Lk 19,14).

Das hat sich bis heute nicht geändert. Der Mensch möchte selbst bestimmen, was er für richtig hält, seinem eigenen Bauchgefühl folgen. Ob Spiritualität, Religiosität oder Agnostizismus und Atheismus – alles wird nur als ein Hilfsmittel für die eigene Selbstbestimmung betrachtet. Und wenn dann wieder furchtbare Katastrophen passieren, Unheil, das der Mensch selbst verursacht hat, dann schreit er laut, wo Gott eigentlich sei und klagt Ihn an. Er sieht gar nicht, dass dies alles nur eine Folge unserer Trennung von und Rebellion gegen Gott ist. *«Er kam in sein Eigentum, und die Seinen nahmen ihn nicht auf.»*

Jesus Christus, der ewige Sohn Gottes, war bereit, diesen Weg aus der Herrlichkeit Gottes in unsere gottferne Welt zu gehen. Er wusste, was auf Ihn wartete. Als wahrer Gott hatte Er bei Seinem Vater alle göttlichen Vorrechte und Privilegien. Und trotzdem wollte Er Mensch werden, Seine ganzen göttlichen Vorrechte hinter sich lassen und in eine gottfeindliche, dunkle und ablehnende Menschheit kommen. Es ging Ihm nur darum, Seinen himmlischen Vater zu ehren. Er tat dies aus Liebe zu den Ihm feindlich gesinnten Menschen.

Menschen, die uns lieb sind, versuchen wir zu schützen. Kein Vater würde sein Kind in einen Wald voller Wölfe schicken. Kein Ehemann würde seine geliebte Frau in ein Krisengebiet senden, von dem er weiss, dass ihr dort nur Feindschaft und Mordlust entgegenschlagen. Doch Gott sandte Seinen Sohn in genau eine solche Situation.

> «Darin besteht die Liebe – nicht dass wir Gott geliebt haben, sondern dass er uns geliebt hat und seinen Sohn gesandt hat als Sühnopfer für unsere Sünden» (1Joh 4,10).

Es geht noch einen Schritt weiter. Allein schon die Sendung des Sohnes Gottes übersteigt unser Verstehen. Doch in Johannes 3,16 sehen wir, dass der Vater Ihn dabei auch gab, das heisst, dahingab. Er wusste, dass die Welt, der Mensch, Seinen Sohn nicht nur ablehnen, sondern Ihn auch grausam an einem Kreuz zu Tode foltern würde. In dieser Dahingabe ist das ganze Leiden Jesu bis zum bitteren Tod enthalten.

Möglicherweise hast du auf einer Weihnachtskarte auch schon dieses Motiv gesehen: Ein Kreuz ist über der Krippe abgebildet. Das macht deutlich: Es gibt kein Weihnachtsfest, keine Geburt Jesu, ohne den Blick zum Kreuz. Wer an Weihnachten versucht, den Tod und das Opfer Jesu auszublenden, verliert sich in sinnentleerter Gefühlsduselei.

Gott sandte Seinen Sohn und gab Ihn hin, weil dies der einzige Weg zur Erlösung der Ihm feindlich gesinnten Menschheit war. In 2. Korinther 5,19 haben wir ein Bibelwort, das so gewaltig ist, dass es einem fast den Atem nimmt. Es gibt so viele wunderbare Worte und Abschnitte in der Bibel, die uns die Tränen in die Augen treiben und erschüttern können angesichts dieser unfassbaren Liebe und Gnade Gottes: «Weil nämlich Gott in Christus war und die Welt mit sich selbst versöhnte» (2Kor 5,19).

Anders gesagt: Gott war in Christus und versöhnte die Ihm feindlich gesinnte und gegen Ihn rebellierende Menschheit mit sich selbst. – Nur Gott selbst konnte das vollbringen. Da sind wir völlig aussen vor. Als es um die Rettung verlorener Menschen ging, hatten wir nichts zu bestellen. Deshalb sandte Er Seinen Sohn, den Herrn Jesus, und gab Ihn dahin.

Die Geschichte der Menschheit ist auch eine Geschichte von gescheiterten Versuchen, sich selbst zu verbessern und zu erlösen. Seit Jahrtausenden schon möchte es der Mensch nicht wahrhaben, dass er sich selbst gar nicht retten kann. Er lehnt sich gegen seinen verlorenen Zustand und das unbestechliche Urteil Gottes auf. Auch für diese Auflehnung gilt: «*Finsternis bedeckt die Erde und tiefes Dunkel die Völker.*»

Was wir nicht können, sogar was wir nicht einmal wollen, das tat Gott. Er tat dies, ohne dass wir danach gefragt hätten. Der Herr Jesus lebte die Gerechtigkeit, die wir benötigen, aber niemals hinbekommen, um mit Gott Gemeinschaft haben zu können. Er lebte nur zur Ehre Seines Vaters. Es gab keinen Gedanken, kein Wort, kein Handeln, womit Er nicht Seinen Vater verherrlicht hätte. Und dann trug Er am Kreuz das gerechte Gericht Gottes über unsere Schuld. Er liess Sein Blut und Sein Leben, um Gottes Gerechtigkeit Genüge zu tun, weil ein heiliger Gott mit der Sünde keinen Kompromiss eingehen kann. Gut 700 Jahre vor der Geburt Jesu hat der Prophet Jesaja dies schon in die eindrücklichen Worte gefasst: «Doch er wurde um unserer Übertretungen willen durchbohrt, wegen unserer Missetaten zerschlagen; die Strafe lag auf ihm, damit wir Frieden hätten, und durch seine Wunden sind wir geheilt worden» (Jes 53,5).

Der Vater sandte Seinen Sohn und gab Ihn dahin. Und der Sohn war bereit, das Gericht Gottes auf sich zu nehmen, sich für uns zerschlagen zu lassen, damit es einen Weg zur Rettung gibt. Das ist die unfassbare Liebe Gottes zu einer Ihm feindlich gesinnten Menschheit. Und das ist auch zugleich der einzige Weg zur Errettung.

Das erste Weihnachtswunder: Gott liebt die Welt. Dann das zweite Weihnachtswunder: Gott gibt Seinen Sohn. – Wichtig ist das Wort «gibt», weil dieses das Ziel des Kommens Jesu in diese Welt deutlich macht. Und damit kommen wir zum dritten Punkt:

## Das dritte Weihnachtswunder: Gott schafft Erlösung

In Johannes 3,16 geht es weiter: «... damit jeder, der an ihn glaubt, nicht verlorengeht, sondern ewiges Leben hat.» Gott liebt die von Ihm losgelöste und sich gegen Ihn auflehnende Menschheit. Gott gibt Seinen Sohn am Kreuz dahin. Er war in Christus und versöhnte die Welt mit sich selbst. Durch Seinen Tod und Seine Auferstehung hat Jesus Frieden mit Gott gemacht und ein neues, ewiges Leben ans Licht gebracht. Dies ist der einzige Weg der Erlösung für die Menschheit, die unter dem göttlichen Resümee steht: *«Finsternis bedeckt die Erde und tiefes Dunkel die Völker.»*

«Wunderbar», könnte man sagen, «damit ist ja alles geritzt. Gott liebt die Welt und sandte Seinen Sohn, und wir können uns jetzt behaglich im Sessel zurücklehnen und die Weihnachtsstimmung geniessen». Aber ganz so einfach ist es nicht.

In Johannes 3,16 sehen wir eine wichtige Einschränkung: «... damit jeder, der an ihn glaubt, nicht verlorengeht ...» Gott liebt die Welt. Gott gibt Seinen Sohn. Aber es geht darum, dies im Glauben zu erfassen. Es stimmt eben nicht, dass die Menschen errettet sind und es nur noch nicht wissen. Die Erlösung und Errettung aus einer von Gott gelösten Welt heraus ist untrennbar mit dem Glauben an Jesus Christus verbunden. Dabei geht es nicht um einen Glauben in dem Sinn, dass wir etwas nicht wissen, aber hoffen, dass es so sein könnte, wie man beispielsweise glaubt, dass es eine weisse Weihnacht geben könnte, weil dies so stimmungsvoll ist. Es geht auch nicht um ein abstraktes, intellektuelles Bejahen einer Sache, die man für wahr hält, ohne dass dies Auswirkungen auf das eigene Leben hätte.

Glauben heisst, dem Urteil Gottes recht zu geben und es anzuerkennen: sowohl über eine Menschheit in geistlicher Finsternis als auch über das persönliche Leben. Wir sehen uns so, wie Gott uns sieht. Durch den Sündenfall haben wir alles vergeigt, salopp ausgedrückt. An uns von Gott losgelösten Menschen gibt es nichts Liebenswertes mehr. Wir besitzen nur die Misere von Schuld und abgrundtiefer Verlorenheit. Und trotzdem liebt uns Gott so sehr, dass er Sein Liebstes, Seinen ewigen Sohn, den Herrn Jesus, dahingibt und in diese Welt sendet, Ihn für unsere Schuld und Übertretung zerschlagen lässt und uns in

Christus alles schenkt: Vergebung, Frieden mit Gott und ein neues, ewiges Leben. Es geht darum, dass wir dies im persönlichen Glauben erfassen, uns an Christus hängen, wie Luther es einmal formulierte, und Ihm als Herrn die Zügel unseres Lebens überlassen, damit Er uns nach Seinem Willen führen, leiten und verändern kann. Gott liebt diese gegen Ihn gerichtete Welt. Er hat in Christus alles für die Erlösung vollbracht. Aber nur der Glaube an Jesus Christus, die Erkenntnis und Bejahung dessen, warum das Kreuz notwendig war, bringt Rettung.

*«... damit jeder, der an ihn glaubt, nicht verlorengeht ...»* – Ohne den rettenden Glauben an Jesus Christus gehen die Menschen dem ewigen Gericht Gottes entgegen. Das ist mit «Verlorengehen» gemeint. Die Liebe Gottes zu dieser Welt, die in der Geburt Christi und Seinem Erlösungswerk deutlich wurde, nützt dir nichts, wenn du dies nicht persönlich im Glauben erfasst. Und wenn du glauben möchtest, aber meinst, dass du es nicht schaffst, dann bitte Ihn darum, dass Er diesen Glauben in dir wirkt, so wie es jener Mann tat, der verzweifelt zu Jesus schrie: «Ich glaube, Herr; hilf mir, loszukommen von meinem Unglauben!» (Mk 9,24).

*Verlorengehen* – das ist das unausweichliche Ende einer Menschheit, die sich von Gott abgewandt hat, ein Verlorengehen in alle Ewigkeit, unter dem gerechten Gericht Gottes. Das haben wir verdient. Als

George Whitefield in England und Nordamerika predigte, führte er den Leuten vor Augen, was es heisst, verloren zu sein und zu Recht unter dem Gericht eines heiligen und gerechten Gottes zu stehen. Viele Leute gingen dann mit der Erkenntnis nach Hause: «Wir gehen mit Recht verloren, wir haben nichts anderes verdient!» Am nächsten Tag hörten sie dann von der Liebe Gottes und dem vollkommenen Opfer Jesu. Vor dem Hintergrund ihrer eigenen Verlorenheit leuchtete diese Wahrheit umso heller. Das ist das Staunen über dieses dritte Weihnachtswunder: Gott schafft Erlösung. Philipp Friedrich Hiller hat es so formuliert: «Mir ist Erbarmung widerfahren, Erbarmung, deren ich nicht wert.»

*Nicht verlorengehen* – dies tönt noch etwas an: Jesus wurde als ein Kind geboren, um Erlösung zu bringen. Die Glaubenden im Alten Testament hatten darauf gewartet, dass Gott den verheissenen Erretter senden würde. Sie wussten noch nicht genau, wie und was, aber weil sie mitten in einer gottfernen Menschheit an Gott glaubten, war ihr Sehnen darauf gerichtet. Und dann kam Er, um das Erlösungswerk zu vollbringen. Das erste Kommen Jesu zeigt Gottes grosse Liebe zu uns Menschen auf. Das ist aber nicht der Schlusspunkt.

Jesus kommt wieder, auch daran erinnert uns Weihnachten: nicht mehr als ein Kind, um die Erlösung zu vollbringen, sondern in Macht und Herrlichkeit, um die Menschheit zu richten. Vor zweitausend Jahren hat Er alles für die Erlösung der Einzelnen vollbracht und in Seiner grossen Liebe und Geduld wartet Er bis heute, damit Menschen umkehren und durch den Glauben an Ihn gerettet werden. Er wartet, obwohl sich die Menschheit in ihrer Auflehnung in den letzten 2000 Jahren nicht verbessert hat. Wenn Jesus in Macht und Herrlichkeit wiederkommt – und das könnte schon sehr bald sein –, dann sind die Würfel endgültig gefallen, wie man so schön sagt. Für alle, die nicht an Ihn geglaubt haben, bleibt dann nur noch das Gericht:

> «Denn Gott hat seinen Sohn nicht in die Welt gesandt, damit er die Welt richte, sondern damit die Welt durch ihn gerettet werde. Wer an ihn glaubt, wird nicht gerichtet; wer aber nicht glaubt, der ist schon gerichtet, weil er nicht an den Namen des eingeborenen Sohnes Gottes geglaubt hat» (Joh 3,17-18).

Die Wiederkunft Jesu wird für alle, die nicht an Ihn glauben, ein furchtbares Erschrecken sein – genauso wie für jeden, der bis dahin ohne die Erlösung durch Jesus Christus gestorben ist. Und dann geschieht noch etwas, ehe dieser ersten Schöpfung der Schlusspunkt gesetzt wird. Israel wird in Christus seinen Retter erkennen, und diese Erde wird noch einmal für tausend Jahre aufblühen. Nicht, weil wir Menschen das Ruder herumgerissen und die Gretchen- bzw. «Greta-Frage» gelöst hätten, sondern weil Christus sichtbar regieren wird und Satan gebunden ist.

Trotz Smartphones, Tablets, Computern, Elektroautos und unserer modernen Fortbewegungsmittel haben wir heute nicht die beste Zeit nach dem Sündenfall. Im Gegenteil: Die Menschheit ist in Finsternis und Gottesferne gefangen. Daran ändern auch alle technischen Innovationen nichts. Man denke nur an die legalisierte Tötung des ungeborenen Lebens im Mutterleib oder an die vielen durch Hass und Streit zerstörten Beziehungen. Die beste Zeit für diese Erde, seit dem Sündenfall, kommt mit der Wiederkunft Jesu. Er wird die Menschheit richten. Er wird die Friedens- und Gerechtigkeitsfrage sowie die Umweltprobleme lösen. Das sind alles ganz reale Auswirkungen, wenn Christus regieren wird und die Völker nach Seinem Willen fragen werden.

Nach dem Tausendjährigen Reich bzw. dem messianischen Reich wird diese erste Erde vergehen. Genauso wie Gott damals unsere Erde schuf, wird Er einen neuen Himmel und eine neue Erde schaffen.

«Und ich sah einen neuen Himmel und eine neue Erde; denn der erste Himmel und die erste Erde waren vergangen, und das Meer gibt es nicht mehr. Und ich, Johannes, sah die heilige Stadt, das neue Jerusalem, von Gott aus dem Himmel herabsteigen, zubereitet wie eine für ihren Mann geschmückte Braut. Und ich hörte eine laute Stimme aus dem Himmel sagen: Siehe, das Zelt Gottes bei den Menschen! Und er wird bei ihnen wohnen; und sie werden seine Völker sein, und Gott selbst wird bei ihnen sein, ihr Gott. Und Gott wird abwischen alle Tränen von ihren Augen, und der Tod wird nicht mehr sein, weder Leid noch Geschrei noch Schmerz wird mehr sein; denn das Erste ist vergangen. Und der auf dem Thron sass, sprach: Siehe, ich mache alles neu! Und er sprach zu mir: Schreibe; denn diese Worte sind wahrhaftig und gewiss!» (Offb 21,1-5).

Johannes 3,16 spricht vom ewigen Leben. Dieses Leben aus Gott schafft durch den Glauben an Christus schon heute etwas Neues. Es wird dereinst in die ewige, untrennbare und sichtbare Gemeinschaft mit Gott hineinmünden. Auch das gehört zur Erlösung der Welt: Dieses Wissen, dass das Beste nicht hinter uns, sondern noch vor uns liegt.

Und wenn die neue Erde und der neue Himmel einmal da sind, brauchen wir keine Angst zu haben, dass dies irgendwann vorbei sein könnte – so wie man wehmütig an die letzten Sommerferien zurückdenkt. Die Neuschöpfung geht auf immer und ewig in der Herrlichkeit Gottes weiter. Wir werden noch viel mehr über die Grösse der Erlösung staunen. Das gilt allerdings nur für diejenigen, die Jesus als ihren Retter erfasst haben. Ich liebe das altdeutsche Wort «Heiland». Er hat das Heil, die Erlösung, in diese dunkle, von Gott losgelöste Welt gebracht. Jesus hat unseren sündigen, hoffnungslosen Totalschaden gut gemacht.

## Fazit

So war das erste Weihnachtswunder: Gott liebt eine Menschheit, die sich von Ihm losgelöst hat und gegen Ihn auflehnt. Er liebt uns trotz der ganzen selbstverschuldeten Dunkelheit, die uns umgibt. Das zweite Weihnachtswunder: Gott gab Seinen Sohn. Er sandte Ihn nicht nur in eine von Ihm losgelöste Menschheit, sondern Er gab Ihn für unsere Errettung dahin. Christus hat ein freies, volles und ewiggültiges Heil vollbracht, obwohl wir nicht einmal danach fragten. Und zuletzt das dritte Weihnachtswunder: Gott schafft Erlösung.

Es geht darum, an Jesus Christus als den Retter, als seinen Heiland zu glauben. Und für alle, die zu Christus gehören, ist Seine Wiederkunft die grosse Hoffnung, auch für diese Erde. Und dann, nach Seiner messianischen Herrschaft, mündet diese Erlösung in einen neuen Himmel und eine neue Erde, die Gott schaffen wird. Der Weg dorthin führt aber nur über den Glauben an Jesus Christus.

Als passend erweist sich da zum Abschluss ein Vers aus dem bekannten Adventslied «Wie soll ich Dich empfangen» von Paul Gerhardt:

«Er kommt zum Weltgerichte,
zum Fluch dem, der ihm flucht,
mit Gnad und süssem Lichte
dem, der ihn liebt und sucht.
Ach komm, ach komm, o Sonne,
und hol uns allzumal
zum ewgen Licht und Wonne
in deinen Freudensaal.»

WARUM NUR MUSSTE ES
WEIHNACHTEN
WERDEN?

# Für die Wiederherstellung Israels

VON NATHANAEL WINKLER

> «Gedenkt an das Frühere von der Urzeit her, dass Ich Gott bin und keiner sonst; ein Gott, dem keiner zu vergleichen ist. Ich verkündige von Anfang an das Ende, und von der Vorzeit her, was noch nicht geschehen ist. Ich sage: Mein Ratschluss soll zustande kommen, und alles, was mir gefällt, werde ich vollbringen.»
>
> JESAJA 46,9-10

Wenn wir darüber nachdenken, warum es Weihnachten werden musste, scheint ein prophetisches Thema wie die Wiederherstellung Israels nicht sehr passend zu sein. Blicken wir jedoch in die Bibel, sehen wir, dass es drei Wiederherstellungen des Volkes Israel gibt, die alle auf die eine oder andere Weise mit Weihnachten zusammenhängen. Denn tatsächlich ist es so: Damit Weihnachten überhaupt erst geschehen konnte, war zuvor die erste Wiederherstellung Israels in der Geschichte nötig gewesen. Und die erste Weihnacht sollte dann zur Grundlage für die zweite und dritte Wiederherstellung Israels werden.

Zwei der drei Wiederherstellungen haben den Heilsplan Gottes im Blick. Die erste war die nationale Wiederherstellung nach der Babylonischen Gefangenschaft für das erste Kommen des Herrn, für Weihnachten. Die zweite ist eine nationale Wiederherstellung am Ende des Gemeindezeitalters für das Gericht und das zweite Kommen des Herrn. Und die dritte wird eine geistliche Wiederherstellung für das Tausendjährige Reich sein.

Wenn wir diese drei Wiederherstellungen betrachten, sehen wir, wie zuverlässig das feste prophetische Wort Gottes ist – und damit auch, wie wahr die Weihnachtsbotschaft ist. Wir können uns wirklich auf unseren Gott verlassen, dessen Ratschluss zustande kommt und der vollbringt, was Ihm gefällt.

## Die erste Wiederherstellung Israels

Wozu hat Gott Israel überhaupt auserwählt? Zu einem primären Zweck, nämlich für das vor Grundlegung der Welt geplante Heil der Welt. Durch das Volk Israel sollte der ewige Heilsplan Gottes verwirklicht werden.

Als der Mensch in Sünde fiel, kündigte Gott gegenüber der Schlange, dem Satan, schon die Vernichtung des Bösen an: «Und ich will Feindschaft setzen zwischen dir und der Frau, zwischen deinem Samen und ihrem Samen: Er wird dir den Kopf zertreten, und du wirst ihn in die Ferse stechen» (1Mo 3,15).

Der, der dem Teufel den Kopf zertreten würde, sollte aus dem Volk Israel kommen. Das bestätigte Gott in Seinem Bund mit Israels Stammvater Abraham: «Ich will segnen, die dich segnen, und verfluchen, die dich verfluchen; und in dir sollen gesegnet werden alle Geschlechter auf der Erde!» (1Mo 12,3). – Darum ist und bleibt Israel eine Nation vor Gott!

Als Volk würde Israel Segen erfahren, wenn es gehorsam wäre, und Fluch bei Ungehorsam. Zugleich prophezeite Gott aber nach dem Fluch die Wiederherstellung Israels in seinem Land (3Mo 26). Auch im Gericht sollte Gottes Liebe nicht aufhören.

«Denn ein heiliges Volk bist du für den Herrn, deinen Gott; dich hat der Herr, dein Gott, aus allen Völkern erwählt, die auf Erden sind, damit du ein Volk des Eigentums für ihn seist. Nicht deshalb, weil ihr zahlreicher wärt als alle Völker, hat der Herr sein Herz euch zugewandt und euch erwählt – denn ihr seid das geringste unter allen Völkern –, sondern weil der Herr euch liebte und weil er den Eid halten wollte, den er euren Vätern geschworen hatte ...» (5Mo 7,6-8).

Als dann David, aus dem Stamm Juda, als König in Israel regierte, sagte ihm Gott, dass aus seiner Nachkommenschaft ein König kommen sollte, dessen Thron Er auf ewig befestigen würde (2Sam 7,13.15). Und dieser König würde göttlich sein, wie später Jesaja weissagte:

«Denn ein Kind ist uns geboren, ein Sohn ist uns gegeben; und die Herrschaft ruht auf seiner Schulter; und man nennt seinen Namen: Wunderbarer, Ratgeber, starker Gott, Ewig-Vater, Friedefürst.

Die Mehrung der Herrschaft und der Friede werden kein Ende haben auf dem Thron Davids und über seinem Königreich, dass er es gründe und festige mit Recht und Gerechtigkeit von nun an bis in Ewigkeit. Der Eifer des Herrn der Heerscharen wird dies tun!» (Jes 9,5-6).

Und dann kam es so, wie Gott prophezeit hatte: Israel war untreu. Der Fluch setzte ein. Das Reich wurde geteilt. Zuerst gerieten die zehn Stämme des Nordreichs in die Gefangenschaft Assyriens und später wurde das verbliebene Südreich (Juda und Benjamin) in die Babylonische Gefangenschaft verschleppt. Jerusalem und der Tempel wurden zerstört. Doch dies war nicht das Ende Israels. Als die Perser die Herrschaft Babylons abgelöst hatten, erschallte der Ruf:

«Und im ersten Jahr des Kyrus, des Königs von Persien – damit das Wort des Herrn erfüllt würde, das durch den Mund Jeremias ergangen war –, da erweckte der Herr den Geist des Kyrus, des Königs von Persien, sodass er durch sein ganzes Königreich, auch schriftlich, bekannt machen und sagen liess: ‹So spricht Kyrus, der König von Persien: Der Herr, der Gott des Himmels, hat mir alle Königreiche der Erde gegeben, und er selbst hat mir befohlen, ihm ein Haus zu bauen in Jerusalem, das in Juda ist.

Wer irgend unter euch zu seinem Volk gehört, mit dem sei sein Gott, und er ziehe hinauf nach Jerusalem, das in Juda ist, und baue das Haus des Herrn, des Gottes Israels – Er ist Gott – in Jerusalem! Und jeder, der noch übrig geblieben ist an irgendeinem Ort, wo er sich als Fremdling aufhält, dem sollen die Leute seines Ortes helfen mit Silber und Gold, mit Gütern und Vieh sowie freiwilligen Gaben für das Haus Gottes in Jerusalem!'» (Esr 1,1-4).

Nach Babylon führte Gott Israel zu seiner ersten nationalen Wiederherstellung, um das erste Kommen des Herrn vorzubereiten. Das Volk kehrte unter Esra und Nehemia zurück. Haggai und Sacharja weissagten. Ein zweiter Tempel wurde gebaut. Und als letzter Prophet des Alten Bundes, bis Johannes dem Täufer, trat Maleachi auf. In der Folge schwieg Gott 400 Jahre lang, ehe es Weihnachten wurde.

Daran sehen wir: Gottes Uhr tickt anders. Auch heute. Seit 1948 ist Israel zum zweiten Mal national wiederhergestellt. Das ist ein grosses Zeichen der Endzeit. Und doch könnte es theoretisch, wie damals in der Zeitspanne zwischen Maleachi und der Geburt Jesu, wiederum 400 Jahre dauern, bis es zur Wiederkunft des Herrn kommt. Es kann aber auch ganz schnell gehen, denn es ist nicht unsere Sache, «die Zeiten oder Zeitpunkte zu kennen, die der Vater in seiner eigenen Vollmacht festgesetzt hat» (Apg 1,7).

In diesen 400 Jahren, als die Propheten schwiegen, war Gott nicht untätig. Er bereitete weiter das Heil vor. Auf die Herrschaft der Perser folgte die der Griechen und darauf die der Seleukiden – so wie Daniel in Babylon prophezeit hatte (Dan 11). Der schlimmste Herrscher war Antiochos IV. Epiphanes, der den Tempel entweihte und der zu einem Bild des Antichrists wurde. Die Makkabäer lehnten sich jedoch erfolgreich gegen die Seleukiden auf und weihten den Tempel wieder neu ein. Daran erinnert bis heute das Chanukka-Fest, das Fest der Lichter, dem wir auch im Neuen Testament begegnen: «Es fand aber in Jerusalem das Fest der Tempelweihe statt; und es war Winter» (Joh 10,22).

Doch wo blieb das Haus Davids? Es regierte nicht mehr in Israel. Dazu hatte Jesaja bereits in einer Prophetie gesagt: «Und es wird ein Zweig hervorgehen aus dem Stumpf Isais und ein Schössling hervorbrechen aus seinen Wurzeln» (Jes 11,1; vgl. V. 10). – Als kleiner Zweig und Schössling würde der davidische König wieder hervorgehen, und zwar in Niedrigkeit, darum der Verweis auf den «Stumpf Isais», auf Davids Vater, der kein König war.

«Darum wird euch der Herr selbst ein Zeichen geben: Siehe, die Jungfrau wird schwanger werden und einen Sohn gebären und wird ihm den Namen Immanuel geben» (Jes 7,14).

Wer ist Immanuel? Es ist derselbe, von dem Jesaja sagte: «Ein Kind ist uns geboren, ein Sohn ist uns gegeben; und die Herrschaft ruht auf seiner Schulter; und man nennt seinen Namen: Wunderbarer, Ratgeber, starker Gott, Ewig-Vater, Friedefürst» (Jes 9,5). – Er ist «Gott mit uns» (Immanuel), der «starke Gott», der, wie Micha prophezeite, sowohl aus der Ewigkeit als auch aus Bethlehem, der Stadt Davids, kommen würde:

«Und du, Bethlehem-Ephrata, du bist zwar gering unter den Hauptorten von Juda; aber aus dir soll mir hervorkommen, der Herrscher über Israel werden soll, dessen Hervorgehen von Anfang, von den Tagen der Ewigkeit her gewesen ist» (Mi 5,1).

Deshalb war die erste Wiederherstellung Israels wichtig, denn das Heil, der menschgewordene Gott selbst, sollte aus den Juden kommen! Doch «die Seinen nahmen ihn nicht auf» (Joh 1,11). Und Jesus, König Israels und Sohn Davids, musste Seinem Volk sagen:

«Ihr erforscht die Schriften, weil ihr meint, in ihnen das ewige Leben zu haben; und sie sind es, die von mir Zeugnis geben. ... Ich bin im Namen meines Vaters gekommen, und ihr nehmt mich nicht an. Wenn ein anderer in seinem eigenen Namen kommt, den werdet ihr annehmen» (Joh 5,39.43).

## Die zweite und dritte
## Wiederherstellung Israels

Am Ende des Gemeindezeitalters erfolgt die zweite
Wiederherstellung Israels, um das Gericht und das
zweite Kommen des Herrn vorzubereiten, um das zu
vollenden, was mit dem ersten Kommen des Herrn an
Weihnachten seinen Anfang genommen hat. Dann
wird es auch zur Wiederherstellung jener Königsherrschaft Israels kommen, die die Jünger bei der Himmelfahrt erwartet haben (Apg 1,6). Das ist die dritte,
geistliche Wiederherstellung Israels für das Tausendjährige Reich.

Die zweite nationale Wiederherstellung Israels ist
und war für viele Gläubige ein Geheimnis und schien
bis ins 19. Jahrhundert hinein der christlichen Theo-
logie verborgen. Doch schon durch Hesekiel sagte
Gott im Alten Testament:

> «Darum sprich zu dem Haus Israel: So spricht Gott,
> der Herr: Nicht um euretwillen tue ich dies, Haus
> Israel, sondern wegen meines heiligen Namens,
> den ihr entweiht habt unter den Heidenvölkern, zu
> denen ihr gekommen seid. ... Denn ich will euch
> aus den Heidenvölkern herausholen und aus allen
> Ländern sammeln und euch wieder in euer Land
> bringen» (Hes 36,22.24).

Hier spricht der Herr nicht von der ersten nationalen Wiederherstellung aus Babylon, sondern von der zweiten aus der Zerstreuung Israels in alle Länder der Welt – wie es nach der Zerstörung des zweiten Tempels, 70 n.Chr., auch tatsächlich geschehen ist.

Und der Apostel Paulus bezeugt im Neuen Testament:

«Ich frage nun: Hat Gott etwa sein Volk verstossen? Das sei ferne! Denn auch ich bin ein Israelit, aus dem Samen Abrahams, aus dem Stamm Benjamin. ... Wie nun? Was Israel sucht, das hat es nicht erlangt; die Auswahl aber hat es erlangt. Die übrigen dagegen wurden verstockt, wie geschrieben steht: ‹Gott hat ihnen einen Geist der Betäubung gegeben, Augen, um nicht zu sehen, und Ohren, um nicht zu hören, bis zum heutigen Tag›. Und David spricht: ‹Ihr Tisch soll ihnen zur Schlinge werden und zum Fallstrick und zum Anstoss und zur Vergeltung; ihre Augen sollen finster werden, dass sie nicht sehen, und ihren Rücken beuge allezeit!› Ich frage nun: Sind sie denn gestrauchelt, damit sie fallen sollten? Das sei ferne! Sondern durch ihren Fall wurde das Heil den Heiden zuteil, um sie zur Eifersucht zu reizen» (Röm 11,1.7-11).

Gott hat Sein Volk nicht verworfen, aber Israels Fall sollte dazu beitragen, dass auch wir Nichtjuden, die

Heiden, Anteil am Heil, an der Botschaft von Weihnachten, erhalten. Doch was wird nach dem Fall kommen? Paulus ruft es sogleich im nächsten Vers aus:

«Wenn aber ihr Fall der Reichtum der Welt und ihr Verlust der Reichtum der Heiden geworden ist, wie viel mehr ihre Fülle!» (V. 12).

Gott wird Israel wiederherstellen:

«Denn ich will nicht, meine Brüder, dass euch dieses Geheimnis unbekannt bleibt, damit ihr euch nicht selbst für klug haltet: Israel ist zum Teil Verstockung widerfahren, bis die Vollzahl der Heiden eingegangen ist; und so wird ganz Israel gerettet werden, wie geschrieben steht: ‹Aus Zion wird der Erlöser kommen und die Gottlosigkeiten von Jakob abwenden, und das ist mein Bund mit ihnen, wenn ich ihre Sünden wegnehmen werde›» (Röm 11,25-27).

So wie die nationale Wiederherstellung Israels eine Voraussetzung für das erste Kommen des Herrn war, so ist sie auch eine für Sein zweites Kommen: «Aus Zion wird der Erlöser kommen und die Gottlosigkeiten von Jakob abwenden ...» Und in einer weiteren Hinsicht ist es aus prophetischer Sicht notwendig,

dass Israel in der Endzeit wieder im Land ist: nämlich für das Kommen des Antichrists!

In Johannes 5,43 sagt Jesus ja den religiösen
Juden, die Ihn abgelehnt haben, dass sie einen anderen, der «in seinem eigenen Namen kommt», annehm-
men werden. Wer ist das? – Das sind zuerst einmal
die vielen falschen Messiasse, die bereits gekommen
sind, und das wird zuletzt der Antichrist sein. Das
ist der andere, der in der Endzeit «in seinem eigenen
Namen» nach Israel kommt.

Daniel kündigte ihn mit folgenden Worten an:

«Und nach den 62 Wochen wird der Gesalbte *(der
Messias, Jesus)* ausgerottet werden, und ihm wird
nichts zuteilwerden; die Stadt aber samt dem
Heiligtum wird das Volk des zukünftigen Fürsten
*(der Antichrist)* zerstören, und sie geht unter in
der überströmenden Flut; und bis ans Ende wird
es Krieg geben, fest beschlossene Verwüstungen.
Und er *(der Antichrist)* wird mit den Vielen *(Israel)*
einen festen Bund schliessen eine Woche lang;
und in der Mitte der Woche wird er Schlacht- und
Speisopfer aufhören lassen, und neben dem Flügel
werden Gräuel der Verwüstung aufgestellt, und
zwar bis die fest beschlossene Vernichtung sich
über den Verwüster ergiesst» (Dan 9,26-27).

Er kommt aus dem «Volk des zukünftigen Fürsten». Das ist das vierte Reich, das Daniel in seinen Visionen sah, nach Babylon, Medo-Persien und Griechenland: das Römische Reich. Aus dem Territorium dieses Reiches wird der Antichrist stammen. Da dieses Gebiet ursprünglich nicht nur das heutige Europa, sondern auch Nordafrika und Teile Asiens umfasst hat, lässt sich nicht ausschliessen, dass er ein Muslim oder Jude sein wird. Beide Theorien kursieren in der Auslegung der biblischen Prophetie, und beide sind möglich. Wir wissen es nicht.

In seinem Buch «Wer ist der Antichrist?» (beim Verlag Mitternachtsruf erhältlich) beschreibt der Bibellehrer Mark Hitchcock, was für eine Ausnahmeerscheinung der Antichrist sein wird. Das also können wir wissen.

Er wird zum Beispiel ein intellektuelles Genie sein:

«Aber am Ende ihrer Regierung, wenn die Frevler das Mass vollgemacht haben, wird ein frecher und listiger König auftreten. Und seine Macht wird stark sein, aber nicht in eigener Kraft; und er wird ein erstaunliches Verderben anrichten, und sein Unternehmen wird ihm gelingen; und er wird Starke verderben und das Volk der Heiligen. Und wegen seiner Klugheit und weil ihm der Betrug in seiner Hand gelingt, wird er sich in seinem Herzen erheben und viele in ihrer Sorglosigkeit verderben; und er wird gegen den Fürsten der Fürsten auftreten, aber ohne Zutun von Menschenhand zerschmettert werden» (Dan 8,23-25).

Er wird ein rhetorisches Genie sein, denn er hat «ein Maul, das grosse Dinge redete» (Dan 7,8; vgl. Offb 13,2.5). Wie A. W. Pink einmal sagte:

«So wird dieser dreiste Betrüger sein: Mit seinem Mund wir er sehr grosse Dinge reden. Er wird die sprachlichen Mittel vollkommen beherrschen und die Worte werden nur so aus ihm herausströmen. Mit seiner Redekunst wird er nicht nur auf sich aufmerksam machen, sondern auch Respekt erlangen. Offenbarung 13,2 sagt, dass ‹sein Mund wie eines Löwen Mund› ist (Luther 1912), was ein symbolischer Ausdruck für die Majestät und die erhabene Wirkung seiner Stimme ist. Die Stimme eines Löwen übertrifft die jedes anderen Tieres. So wird auch der Antichrist alle alten und alle modernen Redner in den Schatten stellen.»

Er wird ein politisches Genie sein:

«Und das Tier, das war und nicht ist, ist auch selbst der achte, und es ist einer von den sieben, und es läuft ins Verderben. Und die zehn Hörner, die du gesehen hast, sind zehn Könige, die noch kein Reich empfangen haben; aber sie erlangen Macht wie Könige für eine Stunde zusammen mit dem Tier. Diese haben einen einmütigen Sinn, und sie übergeben ihre Macht und Herrschaft dem Tier» (Offb 17,11-13; vgl. Dan 9,27).

Er wird ein wirtschaftliches Genie sein:

«Und es bewirkt, dass allen, den Kleinen und den Grossen, den Reichen und den Armen, den Freien und den Knechten, ein Malzeichen gegeben wird auf ihre rechte Hand oder auf ihre Stirn, und dass niemand kaufen oder verkaufen kann als nur der, welcher das Malzeichen hat oder den Namen des Tieres oder die Zahl seines Namens» (Offb 13,16-17).

Ein plastisches Beispiel dafür ist die Impfdebatte in der Corona-Krise, wo an einigen Orten nur geimpfte Personen Zugang zu Veranstaltungen, Restaurants oder Einkaufsläden erhalten.

Er wird ein militärisches Genie sein:

«Und sie beteten den Drachen *(der Teufel)* an, der dem Tier Vollmacht gegeben hatte, und sie beteten das Tier an und sprachen: Wer ist dem Tier gleich? Wer vermag mit ihm zu kämpfen?» (Offb 13,4).

Und er wird ein religiöses Genie sein:

«Und alle, die auf der Erde wohnen, werden es anbeten, deren Namen nicht geschrieben stehen im Buch des Lebens des Lammes, das geschlachtet worden ist, von Grundlegung der Welt an» (Offb 13,8).

Wenn der Antichrist auftritt, wird die Globalisierung der Welt umfassend und beispiellos sein. Andersdenkende, die ihm entgegenstehen, werden mundtot gemacht und die Menschen werden glauben, aus eigener Macht das Paradies auf Erden errichten zu können.

«Und die zehn Hörner, die du gesehen hast, sind zehn Könige, die noch kein Reich empfangen haben; aber sie erlangen Macht wie Könige für eine Stunde zusammen mit dem Tier. Diese haben einen einmütigen Sinn, und sie übergeben ihre Macht und Herrschaft dem Tier» (Offb 17,12-13).

Das ist der Antichrist, der sich schliesslich gegen Israel wenden wird (Dan 9,27), weil der Drache (der Teufel) ihm die Macht geben wird, Israel zu verfolgen (Offb 12). Doch ein Überrest des Volkes wird diese Zeit überleben und sich auf Gottes Wahrheit zurückbesinnen. Und sie werden erkennen, wer Jesus war und ist! Für sie wird es, in diesem Sinne, Weihnachten werden.

«Und als der Drache sah, dass er auf die Erde geworfen war, verfolgte er die Frau, die den Knaben geboren hatte. Und es wurden der Frau zwei Flügel des grossen Adlers gegeben, damit sie in die Wüste fliegen kann an ihren Ort, wo sie ernährt wird eine Zeit und zwei Zeiten und eine halbe Zeit, fern von dem Angesicht der Schlange. Und die Schlange schleuderte aus ihrem Maul der Frau Wasser nach, wie einen Strom, damit sie von dem Strom fortgerissen würde. Und die Erde half der Frau, und die Erde tat ihren Mund auf und verschlang den Strom, den der Drache aus seinem Maul geschleudert hatte. Und der Drache wurde zornig über die Frau und ging hin, um Krieg zu führen mit den Übrigen von ihrem Samen, welche die Gebote Gottes befolgen und das Zeugnis Jesu Christi haben» (Offb 12,13-17).

So wird das furchtbare Kommen des Antichrists letztendlich in die vollkommene Erfüllung der Weihnachtsbotschaft münden, wenn Israel seinen König erkennen wird, nämlich den, den es einst abgelehnt hatte und der am Kreuz zum Heil der Welt durchstochen wurde:

«Aber über das Haus David und über die Einwohner von Jerusalem will ich den Geist der Gnade und des Gebets ausgiessen, und sie werden auf mich sehen, den sie durchstochen haben, ja, sie werden um ihn klagen, wie man klagt um den eingeborenen Sohn, und sie werden bitterlich über ihn Leid tragen, wie man bitterlich Leid trägt über den Erstgeborenen» (Sach 12,10).

Das ist die dritte, geistliche Wiederherstellung Israels, wenn die Königsherrschaft Israels im Tausendjährigen Reich beginnt, die Weihnachtsprophetie von Jesaja vollendet und das Lamm Gottes als Löwe von Juda regieren wird:

«Denn ein Kind ist uns geboren, ein Sohn ist uns gegeben; und die Herrschaft ruht auf seiner Schulter; und man nennt seinen Namen: Wunderbarer, Ratgeber, starker Gott, Ewig-Vater, Friedefürst. Die Mehrung der Herrschaft und der Friede werden kein Ende haben auf dem Thron Davids und über seinem Königreich, dass er es gründe und festige mit Recht und Gerechtigkeit von nun an bis in Ewigkeit. Der Eifer des Herrn der Heerscharen wird dies tun!» (Jes 9,5-6).

Warum nur musste es Weihnachten werden? Damit Der kommen kann, der Israel vollständig wiederherstellen und erlösen wird.

WARUM NUR MUSSTE ES
# WEIHNACHTEN
WERDEN?

# Für das Ende aller Dinge

VON NORBERT LIETH

«Advent heisst nicht nur Ankunft, sondern auch Zukunft. Sie kommt in Jesus Christus auf uns zu. Jesus kommt wieder! Nicht verborgen und unerkannt, sondern für alle sichtbar. Er kommt nicht als Kind, sondern als Herr. Dann werden kein Weihnachtsrummel und kein Medienereignis von ihm ablenken. Dann werden alle Blicke nur auf diesen Herrn fallen, den man hier keines Blickes gewürdigt hat. Dann werden alle Irrlichter verblassen. Dann strahlt nur noch ein Licht: Jesus Christus. Dann sind die von der Welt verachteten und geschmähten Christen nicht mehr die ewigen Verlierer, sondern die Gewinner der Weltgeschichte.»

**DER ALTE MANN**

Als Jesus kam, um uns zu erlösen, hatte Gott auch das Ende der Geschichte im Blick. Denn letztendlich musste es auch Weihnachten werden für die Vollendung der Gemeinde, für die Vollendung Israels und des Königreiches und für die Vollendung der Nationen.

## Für die Vollendung der Gemeinde

Was an Weihnachten vor 2000 Jahren seinen Anfang nahm, wird im grossen Advent der Wiederkunft Jesu zur Vollendung gebracht. Bevor wir unsere Aufmerksamkeit darauf richten, blicken wir zuerst auf den Anfang, um von dort zur Vollendung in Herrlichkeit zu kommen:

> «Und das Wort wurde Fleisch und wohnte unter uns; und wir sahen seine Herrlichkeit, eine Herrlichkeit als des Eingeborenen vom Vater, voller Gnade und Wahrheit» (Joh 1,14).

Vier Dinge werden hier betont:
1. *«Und das Wort wurde Fleisch und wohnte unter uns ...»* – Das ist ja in Bethlehem geschehen. Jesus, der ewige Sohn Gottes, durch den alles gemacht ist, der Schöpfer von Himmel und Erde, wurde Mensch (Kol 1,16; Hebr 1,1 3; Joh 1,1-3.10).

Das ist das Unfassbare: Gott kommt uns entgegen, bevor wir mit unserer Suche angefangen haben. «Wir lieben ihn, weil er uns zuerst geliebt hat» (1Joh 4,19; vgl. V. 9-10). Der Schöpfer erniedrigt sich so, dass Er von den Menschen erkannt werden kann. Der Unermessliche stutzt sich aufs menschliche Mass und begegnet uns auf Augenhöhe.

Der ewige Gottessohn, der vor Seiner Menschwerdung Hunderttausende Israeliten in der Wüste mit Manna versorgt hatte, der sich selbst dann, Mensch geworden, das «Brot des Lebens» nannte und sagen konnte: «Wer zu mir kommt, den wird nicht hungern» (Joh 6,35), Er kam im «Brothaus» zur Welt, wie

Bethlehem übersetzt heisst, und Er stiess Seine ersten Lebensschreie in einem Futtertrog aus.

In einem Vers heisst es: «Der Mensch war Gottes Bild. / Weil dieses Bild verloren, / wird Gott, ein Menschenbild, / in dieser Nacht geboren.» Prof. Dr. Hans-Joachim Eckstein schreibt dazu:

> «Indem Jesus Christus, Gottes eigener Sohn, ganz und gar Mensch wie wir geworden ist, ist die vollkommene Liebe des unsichtbaren Gottes auch für uns Menschen vollkommen sichtbar geworden» («Ich schenke deiner Hoffnung Flügel», Holzgerlingen: SCM, 2015, S. 12).

Er kam und lebte für 33 Jahre als Mensch unter Menschen. Das bedeutet: Es gibt keine menschliche Stimmung, die Jesus nicht kennt, keine Versuchung, mit der Er nicht konfrontiert worden wäre, und Er ist dabei doch stets ohne Sünde geblieben (2Kor 5,21; Hebr 4,15; 1Petr 2,22). Er weiss um Ängste, Trauer, Tränen und Schmerzen. Er kennt Einsamkeit und Verlassenheit. Er weiss, was es bedeutet, von Menschen hintergangen und verleugnet zu werden. Er durchlebte Spott und Hohn.

2. *«Wir sahen seine Herrlichkeit ...»* – Alles an Ihm war herrlich und unvergleichlich. Sein Charakter, Seine Moral, Seine Sündlosigkeit, Seine Ausstrah-

lung, Sein Umgang mit den Menschen. Es war kein
Makel an Ihm. Jesus erreichte in tausend Tagen (drei
Jahren) mehr als alle Religionsstifter und Politiker
zusammengenommen in ihrem ganzen Leben.

Markus Spiker, promovierter Historiker, Chefre-
porter für den MDR und früherer Leiter des ARD-Stu-
dios in Südasien, schreibt:

«Jesus ist die meistbeschriebene Persönlichkeit
überhaupt» (S. 13). «Seine Botschaft krempelt nicht
nur das Leben einzelner Menschen um, sondern
die ganze Welt» (S. 15). «Für mich ist Jesus weit
mehr als nur die faszinierendste Figur der Welt. Er
ist, so durchgeknallt das klingt, die Lösung aller
ihrer Probleme» (S. 15). Er beschreibt Jesus als die
«spannendste Persönlichkeit aller Zeiten» (S. 17).
«Jesus ist nicht Vergangenheit. Jesus IST. Ewig» (S.
21). «In diesen Jahren (der damaligen Ereignisse)
tritt die bedeutendste Persönlichkeit der Weltgeschichte in die Öffentlichkeit, wirkt ungefähr drei
Jahre lang und setzt damit die ungeheuerlichste
Entwicklung aller Zeiten in Gang» (S. 261; «Jesus.
Eine Weltgeschichte» Basel: fontis, 2020).

Die Engel riefen bereits bei Seiner Geburt die Herr-
lichkeit Gottes aus (Lk 2,14), und auf dem Berg der
Verklärung zeigte Er die göttliche Herrlichkeit, in der
Er zukünftig wiedererscheinen wird.

3. «*Voller Gnade ...*» – «Veni, vidi, vici» (Ich kam, ich sah, ich siegte), sagte Julius Caesar, als er mit Waffengewalt andere Reiche eroberte und unterdrückte. Über Jesus können wir schreiben: «Er kam, sah und liebte.» Er hat den grössten Sieg errungen, ohne Waffengewalt, nur mit der Kraft der Gnade. In einem Bibellexikon heisst es zum Begriff *Gnade*:

> «Gnade [...] ist ein unverdientes, freiwilliges, aus Liebe geschehenes Handeln des allmächtigen Gottes (Röm 3,23-24), auf das wir Menschen keinerlei Anspruch haben, das wir nur als Geschenk dankbar annehmen können (Eph 2,8-9). In Jesus Christus, seinem Sohn, hat Gott uns seine überströmende Gnade (Röm 5,20; Eph 1,7-8) angeboten.»

Wir können kommen, wie wir sind, nicht wie wir sein sollten, und wir werden dennoch angenommen und anerkannt. Wir dürfen immer wieder neu anfangen, selbst wenn wir versagt haben. Unser Leben hat trotz all unserer Unzulänglichkeiten einen Sinn, und wir dürfen auf Veränderung von oben hoffen. – *Das gibt es nur bei Jesus!*

Jesus ist das grösste göttliche Weihnachtsgeschenk aller Zeiten für die Menschheit. «Denn die Gnade Gottes ist erschienen, die heilbringend ist für alle Menschen» (Tit 2,11). Und Jesus selbst sagt von sich: «Ich aber bin gekommen, um das Leben in ganzer Fülle zu schenken» (Joh 10,10, NLB).

Die Not schreit zum Himmel, und Gott greift vom Himmel her ein. Die Wunden des Lebens sehnen sich nach einem Heiland, und Er ist geboren. Die Sündenschuld ruft nach Vergebung, und sie ist in Jesus erschienen. Die Einsamkeit streckt sich nach Gemeinschaft aus, und Gott bietet sie uns.

Jesus schenkt dir Seine Aufmerksamkeit,
Jesus schenkt dir Festigkeit,
Jesus schenkt dir Tragkraft,
Jesus schenkt dir Sein Leben!

4. *«Voller Wahrheit ...»* – Sein Kommen ist Wahrheit, Sein Leben, Sterben und Auferstehen sind Wahrheit, Seine Worte sind Wahrheit. Alles an Ihm ist Wahrheit.

Jesus formulierte Wahrheiten von zeitloser Dauer und Gültigkeit. Sie stellen alles in den Schatten, was je von Menschen gesagt wurde. Spiker meint, dass Jesus mit einer Autorität und Kompetenz redete, «die nicht von dieser Welt zu sein scheint» («Jesus. Eine Weltgeschichte», S. 302).

Alles, was Er uns brachte, ist pure göttliche Wahrheit. Gott betrügt uns nicht!

In dieser Welt werden wir belogen und betrogen, wir werden getäuscht, manipuliert, desinformiert und enttäuscht. Wir werden hinters Licht geführt und benutzt. Unsere Welt und ihre Angebote sind ein Lügenhaufen. Ihre Heils-*Versprechen* wenden sich zu Heils-*Verbrechen*. Ihre Nachrichten sind grossenteils unglaubwürdig. Das beginnt schon bei der Werbung, die darauf baut, dass der Mensch manipulierbar ist.

Der Schriftsteller Mark Twain (1835–1910) bemerkte einmal: «Es ist leichter, die Menschen zu täuschen, als sie davon zu überzeugen, dass sie getäuscht werden.» Und jemand anderes sagte: «Sie ziehen die Märchen, die sie kennen, der Wahrheit vor.»

Bei Jesus werden wir nicht belogen und betrogen. Über Ihn heisst es, dass keine Lüge aus der Wahrheit ist (1Joh 2,21). Er *ist* Wahrheit. Er sagt die Wahrheit über Gott, über die Welt und über dich. Jeder, der sich auf Ihn einlässt, wird Wahrheit erleben.

Beim Glauben geht es nicht nur darum, «etwas für wahr zu halten» – das können Ungläubige auch (sogar Dämonen) –, sondern darum, «jemandem zu vertrauen». Es geht darum, sich Ihm anzuvertrauen. Eckstein schreibt:

> «Der Glaube ist nicht etwas von gestern, sondern von morgen – und als Christen dürfen wir das schon heute wissen» («Ich schenke deiner Hoffnung Flügel», S. 13).

Diese vier Aspekte nun, des Kommens, der Herrlichkeit, der Gnade und der Wahrheit, werden bei der

Wiederkunft des Herrn vollendet. Denn Jesus ist der Anfänger und Vollender des Glaubens (Hebr 12,2). Er, der das gute Werk in uns angefangen hat, wird es auch vollenden bis auf den Tag Jesu Christi (Phil 1,6). «Ich bin das A und das O, der Anfang und das Ende, spricht der Herr, der ist und der war und der kommt, der Allmächtige» (Offb 1,8). Das heisst:

*1. Jesus wird als Mensch wiederkommen.* – Jesus ist göttlicher Natur, aber Er ist auch ganz Mensch geworden. Als «Gott-Mensch» ist Er gen Himmel gefahren. Und als solcher wird Er wiederkommen. Er hat Sein Menschsein nie abgelegt.

Der Prophet Daniel sah Ihn als den Menschensohn (Dan 7,13). In Matthäus 24,30 bezeugt Jesus selbst, dass Er als Menschensohn wiederkommen wird. Und Johannes spricht in der Offenbarung von der Verherrlichung und Rückkehr des Menschensohnes Jesus Christus (Offb 1,7-13).

*2. Jesus wird in Herrlichkeit wiederkommen.* – «... indem wir die glückselige Hoffnung erwarten und die Erscheinung der Herrlichkeit des grossen Gottes und unseres Retters Jesus Christus» (Tit 2,13).

Mitten in dieser kaputten Welt, in der alles zerbricht, erwarten wir eine glückselige Hoffnung. Eckstein charakterisiert Hoffnung so:

«Das Faszinierende an der Hoffnung ist, dass sie
bereits positiv wirkt, bevor das freudig Erwartete
eingetreten ist. Nicht erst seine Erfüllung ist also
eine Realität, sondern bereits die Hoffnung selbst»
(«Ich schenke deiner Hoffnung Flügel», S. 5).

Wir erwarten keinen Bankrott, keinen Untergang der
Welt, sondern die Erscheinung unseres grossen Gottes und Heilandes Jesus Christus. Und wenn Er uns
heimholt, werden wir später mit Ihm zusammen in
Herrlichkeit erscheinen: «Wenn der Christus, unser
Leben, offenbar werden wird, dann werdet auch ihr
mit ihm offenbar werden in Herrlichkeit» (Kol 3,4).

3. *Jesus wird die Gnade vollenden.* – «Darum umgür-
tet die Lenden eurer Gesinnung, seid nüchtern und
setzt eure Hoffnung ganz auf die Gnade, die euch
zuteil wird in der Offenbarung Jesu Christi» (1Petr
1,13).

Die Gnade ist erschienen (Joh 1,14; Tit 2,11). Die
Gnade hat uns erlöst (Joh 1,17). Die Gnade begleitet
und erzieht uns (Tit 2,11-12). Die Gnade festigt uns,
macht uns stark (2Tim 2,1). Die Gnade bringt uns ans
Ziel (1Petr 1,13).

«Setzt eure Hoffnung ganz auf die Gnade, die euch
zuteilwird in der Offenbarung Jesu Christi», bedeutet, dass wir uns nicht von Furcht, Angst oder Sorgen
beunruhigen zu lassen brauchen. Wir brauchen uns

nicht zu verstecken, wenn Er kommt. Wir dürfen uns freuen. Wir werden durch Seine Wiederkunft vollendet; darauf sollen wir gläubig unsere Hoffnung setzen.

Die Vollendung ist die Zusammenführung der Gemeinde, «die sein Leib ist, die Fülle dessen, der alles in allen erfüllt» (Eph 1,23), mit dem Haupt Christus. In dieser Zusammenführung des Leibes mit dem Haupt wird alles vervollständigt und vollendet. In ihr werden die Gerichte ausgeführt, wird Israel zum Heil geführt, werden die Nationen zur Ruhe gebracht, wird das Königreich aufgerichtet ...

4. *Jesus wird die absolute Wahrheit bringen.* – Im letzten Buch der Bibel, der Offenbarung, wird sehr viel Wert auf die Wahrhaftigkeit des wiederkommenden Herrn gelegt. Er ist der «Heilige» und der «Wahrhaftige» (Offb 3,7). Auch nennt Er sich «der Amen, der treue und wahrhaftige Zeuge» (Offb 3,14). Wenn der Himmel sich öffnet und Er in Herrlichkeit erscheint, wird der Herr Jesus beschrieben als Der, der da heisst: «Treu und wahrhaftig» und «das Wort Gottes» (Offb 19,11.13).

Alle Menschen werden am Ende mit dieser Wahrheit konfrontiert. Wie es im einleitenden Zitat heisst: «Er kommt nicht als Kind, sondern als Herr. Dann werden kein Weihnachtsrummel und kein Medienereignis von ihm ablenken. Dann werden alle Blicke nur auf diesen Herrn fallen, den man hier keines Blickes gewürdigt hat. Dann werden alle Irrlichter verblassen.»

Wohl dem, der sich dieser Wahrheit öffnet und ihr glaubt. Wie traurig jedoch für die, die sich durch Lüge von dieser Wahrheit fernhalten lassen (2Thes 2,12).

## Für die Vollendung Israels und des Königreiches

«Hypothetisch könnte sich die gesamte heidnische Welt für Christus entscheiden, wenn aber das winzige Israel es versäumt, ihn als König einzusetzen, kann das Reich nicht verwirklicht werden» («Das kommende Reich Gottes», Andrew M. Woods, Düsseldorf: CMV Hagedorn, 2021).

Zacharias, der Vater Johannes des Täufers (letzterer war ein Cousin von Jesus), sagte in seinem grossen Lobpreisgebet angesichts der bevorstehenden Geburt Jesu unter anderem:

«Gepriesen sei der Herr, der Gott Israels! Denn er hat sein Volk besucht und ihm Erlösung bereitet, und hat uns aufgerichtet ein Horn des Heils in dem Haus seines Knechtes David, wie er es verheissen hat durch den Mund seiner heiligen Propheten, die von alters her waren» (Lk 1,68-70).

Zacharias blickte bereits bei der ersten Ankunft Jesu auf die Vollendung, und erfüllt vom Heiligen Geist weissagte er darüber. Was der Heilige Geist ihm jedoch nicht offenbarte, war die Zeitspanne der Gemeinde, die zuvor noch hinzugerettet werden sollte, ehe alles in der prophezeiten Weise vollendet werden würde (vgl. Röm 11,25-26).

Zacharias sprach nur von dem, was die Propheten bereits verkündet hatten: «Wie er es verheissen hat durch den Mund seiner heiligen Propheten, die von alters her waren» (Lk 1,70).

Worüber hatten die Propheten geweissagt? Über den König Israels aus dem Haus Davids, über den leidenden und herrschenden Messias, über das Heil Israels und über das Königtum Gottes durch den Messias in Israel.

Worüber hatten die Propheten *nicht* gesprochen? *Nie* über die Gemeinde als Leib des Christus. Über Nationen, die zum Heil finden, ja, aber nicht über die Gemeinde. Die Gemeinde ist das apostolische Zeitalter, nicht das der Propheten. Wenn aber die Gemeindezeit zu Ende gegangen ist, dann werden sich die Weissagungen erfüllen, von denen die Propheten gesprochen haben.

Und diese Vollendung finden wir in der Offenbarung: «In den Tagen der Stimme des siebten Engels, wenn er in die Posaune stossen wird, soll das Geheimnis Gottes vollendet werden, wie er es seinen

Knechten, den Propheten, als Heilsbotschaft verkündet hat» (Offb 10,7).

Das Geheimnis Gottes betraf die messianische Herrschaft (Dan 2,27ff.), wie es in der Offenbarung dann auch in Bezug auf die siebte Posaune heisst: «Da ertönten laute Stimmen im Himmel, die sprachen: Die Königreiche der Welt sind unserem Herrn und seinem Christus zuteilgeworden, und er wird herrschen von Ewigkeit zu Ewigkeit!» (Offb 11,15).

Das Königreich war das Geheimnis, das die Propheten im Alten Testament verkündet hatten. Es nahm in Bethlehem seinen Anfang und ging über den Kreuzestod Jesu hinaus in Seine Auferstehung und Himmelfahrt. Daraufhin begann die Errettung der Gemeinde, und wenn ihre Zeit erfüllt ist, treffen die Ereignisse der Offenbarung ein: Jesus kommt wieder, um das Wort der Propheten zu erfüllen und Israel ins Heil des messianischen Reiches zu führen.

Zacharias sagte ja, dass der Herr, der Gott Israels, dem Volk Erlösung bereitet hatte (Lk 1,68). Das hatte der Herr Jesus bei Seiner ersten Ankunft vollbracht. Doch der Grossteil Israels lehnte Ihn damals ab. Wenn Er aber zurückkommt, werden das viele aus Israel erkennen, Busse tun und Ihn annehmen. Dann werden sie beten: «Uns aber, Herr, wirst du Frieden schaffen; denn auch alle unsere Werke hast du für uns vollbracht» (Jes 26,12).

«Sie werden kommen und seine Gerechtigkeit verkündigen dem Volk, das geboren wird, dass er es vollbracht hat» (Ps 22,32).

Weiter sagte Zacharias, dass der Herr Seinem Volk ein Horn des Heils im Haus Davids aufgerichtet hatte (Lk 1,69). König David war mit Öl aus einem Horn gesalbt worden (1Sam 16,1.13). – Jesus ist der göttliche König aus dem Haus Davids, und Ihm wird die Macht verliehen, über Israel zu herrschen. Darum symbolisiert das Horn auch königliche Macht. Das Lamm Gottes in der Offenbarung hat sieben Hörner (Offb 5,6), was auf die vollkommene königliche Macht Jesu hindeutet. So weissagte Hanna im Alten Bund auf Jesus hin:

«Die Widersacher des Herrn werden zerschmettert werden; er wird über sie donnern im Himmel. Der Herr wird die Enden der Erde richten und wird seinem König Macht verleihen und das Horn seines Gesalbten erhöhen!» (1Sam 2,10).

Genau das wird in der Zeit des Endes, die die Offenbarung beschreibt, geschehen. Das sehen wir auch im folgenden Abschnitt:

## Für die Vollendung der Nationen

«Warum ist ein irdisches Reich Gottes notwendig? [...] Weil er genau dort triumphieren muss, wo er scheinbar besiegt wurde» («Das kommende Reich Gottes», Andrew M. Woods, Düsseldorf: CMV Hagedorn, 2021).

Der Lobpreis von Zacharias geht weiter:

«Errettung von unseren Feinden und aus der Hand aller, die uns hassen; um Barmherzigkeit zu erweisen an unseren Vätern und zu gedenken an seinen heiligen Bund, an den Eid, den er unserem Vater Abraham geschworen hat, uns zu geben, dass wir, erlöst aus der Hand unserer Feinde, ihm dienten ohne Furcht in Heiligkeit und Gerechtigkeit vor ihm alle Tage unseres Lebens» (Lk 1,71-75).

In diesen Worten ist die Rede von einem Machtantritt, von Rettung vor den Feinden und davon, des Bundes zu gedenken. Auch diese Weissagung, die mit dem ersten Kommen Jesu begann, wird am Ende der Tage erfüllt werden, wie wir wiederum im Buch der Offenbarung sehen:

«Und sprachen: Wir danken dir, o Herr, Gott, du Allmächtiger, der du bist und der du warst und der du kommst, dass du deine grosse Macht an dich genommen und die Königsherrschaft angetreten hast! Und die Heidenvölker sind zornig geworden, und dein Zorn ist gekommen und die Zeit, dass die

Toten gerichtet werden und dass du deinen Knechten, den Propheten, den Lohn gibst, und den Heiligen und denen, die deinen Namen fürchten, den Kleinen und den Grossen, und dass du die verdirbst, welche die Erde verderben! Und der Tempel Gottes im Himmel wurde geöffnet, und die Lade seines Bundes wurde sichtbar in seinem Tempel. Und es geschahen Blitze und Stimmen und Donner und ein Erdbeben und ein grosser Hagel» (Offb 11,17-19).

Der Herr, der als Kind in Bethlehem in Windeln lag, wird wiederkommen und Seine Herrschaft antreten. In einem Gedicht heisst es: «Irgendwann kommt Jesus wieder und dann kniet jeder nieder, vor dem Löwen und dem Lamm, prophezeit von Anfang an.»

Er wird die Nationen, die sich im Zorn gegen Ihn, gegen die Christenheit und gegen Israel gestellt haben, richten. Er wird die belohnen, die an Ihm festgehalten haben (Offb 11,18). Aber Er wird die verderben, die die Erde verderben. Hierbei geht es nicht um Umweltschutz, $CO_2$, Klimaerwärmung und Atommüll, sondern darum, wie Menschen die Erde moralisch verderben, wie sie vom Schöpfer wegziehen, ihre eigenen Programme über den Ewigen stellen, vom einzigen Erlöser ablenken und ihre verderblichen Selbsterlösungsideen präsentieren und durchsetzen. Satan hat sich über Gott erhoben und ist zum Verderber der Welt geworden. Die Geschichte hat gezeigt, dass jeder, der sich über Gott stellte, massgeblich zum Verderben der Welt beitrug.

Der Zorn der Nationen beschwört Gottes Zorn herauf. Die Welt liegt im Bösen und bäumt sich auf, sie rebelliert und meint, Ihn nicht mehr zu benötigen. Satan will die «Krönung» Jesu verhindern. Darum toben die Nationen (Ps 2). Der Höhepunkt der Auflehnung wird ein antichristliches «Weihnachtsfest» sein, wenn sich die Menschen aus Freude darüber, dass die zwei Boten Gottes getötet wurden, Geschenke schicken (Offb 11,7-11).

Und doch: Das letzte Wort hat Jesus!

«Und aus seinem Mund geht ein scharfes Schwert hervor, damit er die Heidenvölker mit ihm schlage, und er wird sie mit eisernem Stab weiden; und er tritt die Weinkelter des Grimmes und des Zornes Gottes, des Allmächtigen. Und er trägt an seinem Gewand und an seiner Hüfte den Namen geschrieben: ‹König der Könige und Herr der Herren›» (Offb 19,15-16).

Gott wird Seines Bundes gedenken (Offb 11,19), darum wird die Bundeslade im Himmel sichtbar, denn alle Verheissungen werden erfüllt. Er hat Seinen Plan nicht aufgegeben.

Jesus kam beim ersten Mal, um die Schuldfrage zu lösen. Er wird wiederkommen, um die Machtfrage zu lösen. Und Er wird einen Neubeginn für Israel und für die Nationen bringen. Alte politische Systeme werden weggetan und alles wird neu geregelt. «Siehe, ich mache alles neu!» (Offb 21,5).

Sieben Dinge stellt uns die Offenbarung vor, die neu sein werden:
1. Der neue Himmel (Offb 21,1).
2. Die neue Erde (Offb 21,1).
3. Die neue Stadt (Offb 21,2.9-23).
4. Die neuen Nationen (Offb 21,24-27).
5. Der neue Fluss (Offb 22,1).
6. Der neue Baum (Offb 22,2).
7. Der neue Thron (Offb 22,3-5).

In Seinem Reich und unter Seiner Herrschaft werden die Nationen das Recht lernen (Jes 2,2-4). Alles, was in Bethlehem so schlicht begann, wird in Macht und Herrlichkeit zu Ende geführt. Jesus, der bei Seiner Geburt in einer Notunterkunft lag, der bei Seinem Sterben am Kreuz mit einer Dornenkrone gekrönt war, dieser Jesus wird die Welt besitzen und als König über alle Könige gekrönt sein.

Was ist unsere Antwort auf Weihnachten, auf Gottes Gabe an uns? Es kann nur eine Antwort geben: Wir weihen unser Leben Ihm!

Darum musste es Weihnachten werden.